Ernst Wrba

Altmühltal

Radeln für die Seele

15 Wohlfühltouren

Droste Verlag

ALLE RADTOUREN AUF EINEN BLICK

Essing an der Altmühl

Waldweg bei Stopfenheim

Liebe Leser und Genussradler,

das Altmühltal gehört zu den beliebtesten Urlaubsregionen Deutschlands und bietet beste touristische Infrastruktur, ohne stark überlaufen zu sein. Es erstreckt sich vom Quellgebiet in der Nähe von Rothenburg ob der Tauber bis zur Mündung in die Donau in Kelheim. Auf ihrer Länge von 227 Flusskilometern und etwa 125 Kilometern Luftlinie fließt die Altmühl in Franken und Niederbayern durch sanft hügelige Landschaften mit Wiesen und Feldern, zahlreichen Seen und dichten Wäldern. An ihren Ufern liegen Wassermühlen, malerische Dörfer und von Mauern umgebene Altstädte. Immer wieder stößt man auf 2000 Jahre alte Römerspuren entlang des Limes. Mächtige Kalkfelsen gekrönt von Burgruinen und Schlössern ragen aus Wäldern und Wacholderheiden auf. Traditionsreiche Gasthöfe mit schattigen Biergärten laden zur Rast ein, um die bodenständige regionale Küche und das meist vor Ort gebraute Bier zu genießen.

Fünfzehn Touren bringen Sie zu den landschaftlichen, kulturellen und kulinarischen Highlights der Region. Dreizehn davon sind Rundtouren, zwei Streckentouren mit Bahnanschluss. Sie verlaufen auf gut ausgebauten Rad- und Feldwegen oder kaum befahrenen, kleinen Landstraßen, selten neben verkehrsreichen Hauptverkehrsstraßen. Viele der Touren weisen nur geringe Steigungen auf. Die Startpunkte der Radtouren sind so ausgewählt, dass man sie mit dem Auto und möglichst auch per Bahn oder Fahrradbus gut erreichen kann.

Ich wünsche Ihnen beim Radeln durch das wunderschöne Altmühltal und Fränkische Seenland viel Freude und Entspannung.

Ihr Ernst Wrba

NATUR-INFO

KULTUR-INFO

TOUREN-/EVENT-INFO

GENUSS-INFO

- 35 Kilometer
- 140 Höhenmeter
- 4 Stunden
- Rundtour

Kletterfelsen Burgstein

Land der Felsen

Altmühltal und Urdonautal

Wir starten unsere Tour in **Dollnstein** am Pkw-Parkplatz am nördlichen Ufer der Altmühl direkt an der Brücke. Wer per Bahn anreist, fährt die Bahnhofstraße hinunter und biegt vor der Bäckerei rechts ab in die Reichenaustraße, über die man die Altmühlbrücke erreicht. Auf der linken Straßenseite neben dem Kanuverleih hat der **Gasthof zur Post** ❶ eine schattige Terrasse zum Fluss hin. Wir fahren vom Parkplatz aus die **Papst-Viktor-Straße** Richtung Norden, also von der Altmühl weg, und kommen zuerst am Marktplatz und dann am **Gasthof zum Kirchenschmied** ❷ vorbei, einer weiteren Einkehrmöglichkeit in Dollnstein. Kurz danach sehen wir links leicht erhöht die gotische **Pfarrkirche St. Peter und Paul** ❸, die mit ihren gut erhaltenen Fresken sehenswert ist. Danach verlassen wir durch das Markttor die Altstadt.

Hinter dem vor uns liegenden **Friedhof** gibt es einen weiteren Parkplatz und einen kostenlosen Wohnmobilstellplatz. Wir biegen vor der Friedhofsmauer rechts ab Richtung **Eichstätt** und folgen dem Verlauf der schmalen Straße, über die wir bald das Ortsende erreichen. Wir radeln hier dicht an den hoch aufragenden, steilen Kalkfelsen vorbei, unter denen sich das Naturschutzgebiet **Trockenhänge bei Dollnstein** ❹ entlangzieht. Rechts von uns fließt träge die Altmühl dahin, während vor uns in der Ferne langsam der freistehende Kalkfels **Burgstein** ❺ Gestalt annimmt. Er ist als 45 Meter hoher Kletterfelsen weit über die Region hinaus bekannt. Entstanden ist er durch Erosion, die die härteren Kalkformationen freistellte. Dafür war in

__Dollnstein__ liegt in einem Talkessel mit sonnigen Wacholderhängen. Die Stadt ist heute noch fast komplett von einer Stadtmauer umgeben. Hier beginnt der Urdonautalsteig und führt der Altmühltal-Panoramaweg vorbei. Die Altmühl ist ein Paradies für Paddler.

erster Linie nicht die Altmühl, sondern die Urdonau verantwortlich, die hier vor Jahrmillionen ihr Flussbett hatte und erst vor etwa 150.000 Jahren ihren Lauf nach Süden verlegte. Auf einer Infotafel beim Rastplatz am Fuß des Felsens kann man sich genauer informieren.

Am Ortsschild von **Breitenfurt** biegen wir links ab auf den Altmühltal-Radweg. Von hier aus über eine Brücke erreichbar liegt schräg links gegenüber direkt am Fluss das kleine Freibad Breitenfurt. Bald danach kommen wir sehr dicht an Felsformationen vorbei, bevor wir über eine kleine Brücke den Fluss überqueren und zwischen Feldern in der Mitte des Tals weiterfahren. Nach 1 Kilometer werden wir wieder auf die linke Flussseite geleitet, wo wir rechts abbiegen. Hier gibt es einen schönen schattigen Rastplatz am Wasser.

Nach etwas mehr als 1 Kilometer erreichen wir das kleine Örtchen **Obereichstätt,** in dessen Mitte wir an einer weiß getünchten alten Fabrik vorbeikommen. Dabei handelt es sich um das ehemalige Königlich Baye-

Kirche in Dollnstein

Für die Seele

Entlang stillen Wassern und Wacholderheiden mit imposanten Felsformationen gelangen wir durch einsames Hinterland zu den Spuren der Urdonau.

Felsen im Wacholderhain

rische Eisenhüttenwerk, das Anfang dieses Jahrhunderts vom Bildhauer Alf Lechner gekauft und zu einem Museum und Skulpturenpark für seine monumentalen Skulpturen aus Stahl umgebaut wurde. Es gehört der **Alf-Lechner-Stiftung** ⑥ und ist leider nicht regelmäßig öffentlich zugänglich.

Am Ortsende folgen wir weiter dem Radwegweiser, bis wir nach gut 2 Kilometern auf eine vorfahrtberechtigte Straße stoßen, an der wir rechts abbiegen müssen. Fährt man hier links und folgt dem Altmühltal-Radweg weiter, erreicht man nach ca. 4 Kilometern die barocke Residenzstadt **Eichstätt,** die unbedingt einen Besuch wert ist. Uns fehlen dafür aber die Zeit und Muße, weshalb wir hier rechts Richtung **Eichstätt Bahnhof** radeln.

Über die Altmühl-Brücke erreichen wir **Wasserzell** und kommen an dem ansprechenden Restaurant **Hirschenwirt** 7 vorbei, das auch Altmühltaler Lamm auf der Speisekarte hat. Am oberen Ende der Straße steht die spätgotische **Kirche der Vierzehn Nothelfer** 8**,** die seit dem 16. Jahrhundert eine Wallfahrtskirche ist. Wir fahren hier rechts weiter, verlassen auf der kaum befahrenen Straße den Ort und tauchen in einen Tunnel ein, durch den wir eine Bahnlinie unterqueren. Über die leicht ansteigende Straße erreichen wir nach etwa 600 Metern einen kleinen **Parkplatz** am rechten Straßenrand, auf den wir abbiegen. Über den Parkplatz fahren wir weiter auf einem geschotterten Weg, der uns durch ein romantisches Tal mit bewaldeten Berghängen führt. Am Wegesrand bieten Blumen den hier zahlreichen Schmetterlingen reichlich Nektar. Wir

Kirche der Vierzehn Nothelfer

folgen stets dem Verlauf des Forstwegs durch das stille, zauberhafte Tal ohne jegliche Wegweisung.

Bei einem eingezäunten Becken, das vermutlich dem Hochwasserschutz dient, biegen wir rechts ab. Ein holzgeschnitzter Wegweiser zeigt uns hier den Weg Richtung **Dollnstein.** Nachdem wir ein Lager für Brennholz passiert haben, halten wir uns an einer Gabelung links leicht bergab. Hier verlassen wir nun den Wald, und vor uns liegt eine sanft gewellte, weite Landschaft mit Feldern und kleinen Wäldern. Dem Verlauf des Wegs folgend erreichen wir schließlich eine Landstraße mit einem separaten Radweg auf der gegenüberliegenden Straßenseite. Dem folgen wir nach rechts.

Der Radweg leitet uns nun bergan nach **Biesenhard,** dessen Zwiebelkirchturm wir schon aus der Ferne sehen. Nach 1,6 Kilometern führt die Straße in einer Linkskurve in den Ort. In der Kurve zweigt ein asphaltierter Feldweg rechts an einer kleinen Kapelle ab, den wir nehmen. An der Gabelung hinter der Kapelle fahren wir den linken, geschotterten Weg geradeaus weiter bergauf. Nach 400 Metern überqueren wir die **Römerstraße** und biegen unmittelbar dahinter rechts in die parallel verlaufende **Pfahlstraße** ab. Wir bleiben auf der Straße, bis wir nach 400 Metern auf die **Römerstraße** geleitet werden, auf der wir ein kleines Stück weiterfahren. Wir haben nun den höchsten Punkt unserer Tour erreicht und können uns auf eine entspannte Fahrt ohne weitere Steigungen freuen.

*Zwischen Wasserzell und dem Urdonautal verlaufen keine offiziellen Radwege, weshalb es **keine Radwegweiser** gibt. Der Wegverlauf ist aber meist recht eindeutig und anhand der Beschreibung im Text gut zu finden. Hilfreich ist natürlich der downloadbare GPX-Track.*

Wir dürfen die nächste **Linksabzweigung** nach 400 Metern auf einen geschotterten Feldweg nicht verpassen. Wir radeln weiter bergab und sollten nebenbei den Panoramablick genießen, den uns die hohe Lage bietet. Kurz vor einem Bauernhof biegen wir links ab und stoßen auf einen asphaltierten Feldweg, den wir links hinunterfahren. Der schlängelt sich talwärts durch Felder auf einen Wald zu, wo er in einen geschotterten Forstweg übergeht. An einer Gabelung mit drei Wegen nehmen wir den rechten Richtung **Wellheim.**

Es geht weiter steil bergab hinunter in das Urdonautal, das die Donau im Laufe von Jahrmillionen bis vor 150.000 Jahren tief in die Landschaft gegraben hat. Unten im Tal angekommen, treffen wir auf eine Abzweigung, an der uns endlich wieder ein Radwegweiser begegnet. Ab hier radeln wir auf dem **Urdonautal-Radweg** weiter Richtung Wellheim.

Durch das breite Tal mit seinen steilen Berghängen erreichen wir schließlich **Wellheim,** hinter dem äußerst pittoresk die **Burgruine Wellheim** 9 auf einem Jurafelsen aufragt. Wir treffen auf eine Vorfahrtstraße, auf die wir links auf die **Schutterstraße** abbiegen, über die man den Ort erreicht und auch zur Burgruine hinauffahren kann, die jederzeit offen zugänglich ist. Von dort oben bietet sich ein fantastischer Blick auf

Wellheim im Urdonautal

das Urdonautal. Die **Pizzeria-Trattoria Da Romano** ⑩ in der Ortsmitte bietet eine der wenigen Einkehrmöglichkeiten, die auch mittags geöffnet haben.

Zwischen Sportplatz und Altstadt von Wellheim schräg gegenüber einem Discounter beginnt ein perfekt ausgebauter **Bahntrassenradweg,** über den wir äußerst komfortabel bis Dollnstein radeln können. Auf dem ebenen, asphaltierten Weg geht es leicht erhöht auf dem Bahndamm durch die herrliche Kulisse des Trockentals. Links sehen wir immer noch die Burgruine Wellheim und vor uns wird bald, wo das Tal eine Linkskurve macht, der berühmte **Dohlenfels** ⑪ auftauchen.

Wir radeln gemütlich durch das ebene Trockental, an dessen Hängen immer wieder die für die Region typischen Felsen aus den Wäldern auftauchen. Schließlich kommen wir an dem Weiler Ried vorbei,

*Das Kletterparadies **Dohlenfels** ragt ca. 70 Meter über dem von Trockenrasen bedeckten Hang des Urdonautals auf. Es entstand vor 150 Millionen Jahren aus Kalkalgen, die sich am Grund eines urzeitlichen Meeres ablagerten.*

Der Dohlenfels
im Urdonautal

an dessen Hauptstraße das beliebte **Gasthaus Schmutter** ⑫ liegt, das von Freitag bis Sonntag ab Mittag geöffnet hat.

Vor Erreichen der Ausläufer von **Dollnstein** erstrecken sich am rechten Talhang die Sonnenleiten, ein Wacholderhain mit Trockenrasen und eingestreuten Felsen. Am Ortsrand hat sich der Bauhof auf der Bahntrasse breit gemacht, weshalb wir einen Schlenker nach rechts machen und an der **Wellheimer Straße** weiterfahren müssen. Hinter der Feuerwehr biegen wir in die linke Seitenstraße ab und sofort nach 30 Metern wieder rechts zurück auf den Bahntrassenweg, der hier geschottert weiterführt. Nach 500 Metern endet der Radweg und mündet in eine Nebenstraße. Vor einem Getränkemarkt fahren wir links und stoßen auf die vorfahrtberechtigte **Wellheimer Straße,** auf die wir links abbiegen, die Bahnlinie unterqueren und auf die **Bahnhofstraße** stoßen.

Wacholderheide Sonnenleiten bei Dollnstein

Hier erreicht man nach rechts in 400 Metern den Bahnhof. Um zum Startpunkt am Parkplatz im alten Ortskern zu gelangen, biegen wir hier links und nach 100 Metern zwischen Bäckerei und Apotheke wieder rechts ab. Nach 200 Metern sind wir schließlich am Ziel. Wer mag, kann sich noch im nahe gelegenen **Altmühlzentrum Burg Dollnstein** ⑬ umschauen, in dem auch ein hier gefundener Schatz ausgestellt ist.

Schönau
St 2387
St 2047
Schernfeld
13
Eichstätt
Obereichstätt
Altmühl
St 2047
Rebdorf
Eichstätter Straße
Wasser-
zell
St 2230
P
P
Breitenfurt
DB
Dollnstein
St 2230
Ochsenfeld
Ried
Aicha
Konstein
Harder Straße
Wellheim
Hard
Biesenhard
Römerstraße
St 2047
Schutter
Gammersfeld
Hütting

Entspannung ★★★☆☆
Genuss ★★★☆☆
Romantik ★★★★☆

WIE & WANN:
Asphaltierte und fein geschotterte Radwege, geschotterte Forstwege, einige asphaltierte Wege und kaum befahrene Straßen. Einige Steigungen und ein starkes Gefälle auf geschottertem Weg. Am schönsten von Frühling bis Herbst.

HIN & WEG:
Auto: Pkw-Parkplatz an der Brücke, Papst-Viktor-Straße 37, 91795 Dollnstein (GPS: 48.87496, 11.07461), alternativer Parkplatz auch für Wohnmobile am Friedhof (GPS: 48.87796, 11.07396)
ÖPNV: Bf. Dollnstein (RB), von dort mit dem Rad über die Bahnhofstraße und Reichenaustraße 700 Meter zur Altmühlbrücke im Ortskern

ESSEN & ENTSPANNEN:
Gasthof zur Post ❶ Marktplatz 3, 91795 Dollnstein, Tel. (0 84 22) 15 15, www.gasthofzurpost-dollnstein.de
Gasthof zum Kirchenschmied ❷ Papst-Viktor-Straße 21, 91795 Dollnstein, Tel. (0 84 22) 15 12, www.zum-kirchenschmied.de
Hirschenwirt ❼ Brückenstraße 9, 85072 Wasserzell, Tel. (0 84 21) 96 80, www.hirschenwirt.de
Pizzeria-Trattoria Da Romano ❿ Schutterstraße 4, 91809 Wellheim, Tel. (0 84 27) 9 86 95 05, www.daromano-wellheim.de
Gasthaus Schmutter ⓬ Ried 12, 91795 Dollnstein-Ried, Tel. (0 84 22) 2 52

ENTDECKEN & ERLEBEN:
Pfarrkirche St. Peter und Paul ❸ **Trockenhänge bei Dollnstein** ❹
Burgstein ❺ **Alf-Lechner-Stiftung** ❻ Allee 3, 91795 Obereichstett, Tel. (08 41) 3 05 22 50, www.alflechner-stiftung.com **Kirche der Vierzehn Nothelfer** ❽
Burgruine Wellheim ❾ www.wellheim.de **Dohlenfels** ⓫
Altmühlzentrum Burg Dollnstein ⓭ Unterer Burghof 5, 91795 Dollnstein, Tel. (0 84 22) 9 87 98 10, www.altmuehlzentrum.de

* 48 Kilometer
* 150 Höhenmeter
* 4 Stunden
* Rundtour

Badesee Lohweiher, Wemding

Ins Schwabenland

Abstecher zum Nördlinger Ries

Schloss Treuchtlingen

Wir starten unsere Tour am zentral gelegenen Parkplatz Josef-Lidl-Straße in **Treuchtlingen.** Von dort radeln wir nach rechts in nordwestlicher Richtung und stoßen gleich auf das **Stadtschloss 1.** In dem Renaissanceschloss wurde Gottfried Heinrich zu Pappenheim geboren, ein Reitergeneral des Dreißigjährigen Kriegs, den Schiller mit dem berühmten Satz „Daran erkenn' ich meine Pappenheimer" zitierte. Heute noch lässt sich erahnen, dass es sich ursprünglich um ein Wasserschloss handelte. Im 19. Jahrhundert wurde es umgebaut und erweitert. Heute sind hier die Touristinformation und die Informationszentren Altmühltal und Geopark Ries untergebracht. Das Nördlinger Ries ist heute ja unser Ziel.

Gegenüber dem Schloss befindet das historische Gebäudeensemble eines Manufakturgebäudes der vorletzten Jahrhundertwende mit dem **Volkskundemuseum ②**, das mit 25.000 Exponaten zu den größten in Bayern zählt. Neben interessanten Dauerausstellungen beherbergt es noch das gut besuchte **Anja´s Museumscafé ③**.

In südlicher Richtung erreichen wir die **Hauptstraße**, auf die wir rechts abbiegen Richtung Eichstätt. 100 Meter weiter gelangen wir zu einem weiteren Platz mit Lokalen. Links an der Hauptstraße liegt das **Restaurant Wallmüllerstuben Las Tapas ④**. Wir haben hier die Qual der Wahl, wenn wir jetzt oder am Ende der Radtour einkehren wollen. Zwischen Treuchtlingen und Wemding sind die Lokale eher dünn gesät.

Biergarten Schlossblick

Wir bleiben auf der Vorfahrtstraße, kreuzen unter einer Brücke die Bahnlinie und biegen nach einer Rechtskurve vor einer Pizzeria im rechten Winkel links ab in die **Uhlbergstraße**. Hier kommen wir zuerst am **Jüdischen Friedhof ⑤** vorbei, der sich rechts der Straße den Hang hinaufzieht und dessen Grabsteine dadurch gut zu sehen sind. Wir radeln noch ein kleines Stück weiter durch ein Wohngebiet, bis wir am Waldrand auf einen Skilift und einen **Trail Park ⑥** treffen, in dem sich wagemutige Mountainbiker austoben können.

Hier gabeln sich die Wege. Wir nehmen den linken, der auch als Radweg markiert ist, und radeln auf dem sanft ansteigenden Forstweg durch das **Heumöderntal**. Nach etwa 2 Kilometern verlassen wir den Wald und stoßen auf eine Kreuzung, an der der Radwegweiser zwar nach geradeaus zeigt, wir aber nach links dem holzgeschnitzten Schild Richtung **Möhren** folgen. Zunächst geht es auf dem asphaltierten Weg etwa 200

Für die Seele

Eine sportliche Landpartie durch stille Wälder und ländliche Idylle mit sanften Hügeln vom fränkischen Kurort zur schwäbischen Stadt der Fuchsien.

Feldweg bei Möhren

Meter steil bergauf, bis wir die Bergkuppe erreichen und dort geradeaus hinunter ins Möhrenbachtal fahren. Unten liegt das Örtchen Möhren, wo unsere Talfahrt an einer T-Kreuzung endet. Schräg rechts gegenüber entdecken wir das Gasthaus **Schlossblick** 7 mit einem zauberhaften Biergarten, bei dem die Betonung auf Garten liegt. Ein stiller, blumenreicher Platz für eine erste Pause. Seinen Namen hat er eindeutig vom malerisch über dem Dorf liegenden **Schloss Möhren** 8. Die Geschichte des Jagdschlosses reicht bis ins 12. Jahrhundert zurück. Heute ist es im Privatbesitz einer sympathischen niederländischen Familie, die im Schloss wohnt und vier geschmackvoll eingerichtete Ferienwohnungen vermietet.

Kapelle in Zwerchstraß

Wir fahren weiter auf der Hauptstraße, der **Mohnheimer Straße,** durch den Ort und biegen am Ortsende unmittelbar nach der Unterquerung einer Bahnlinie rechts ab. An der nächsten Abzweigung fahren wir rechts und kreuzen die Bahnlinie diesmal auf einer Brücke und halten uns danach auf einem Feldweg schräg links, der nun wieder ansteigt. Ab der nächsten Kreuzung, an der wir geradeaus fahren, ist der Weg geschottert und gabelt sich schließlich an einem Waldrand. Dort folgen wir dem grünen Radwegepfeil nach links.

Auf einem Forstweg geht es zunächst bergauf, dann relativ eben weiter, bis er wieder talwärts führt zum Westenbrunnenbach. Wir folgen stets weiter dem Verlauf des Wegs. Nachdem wir den Wald verlassen haben, geht es weiter auf einer kleinen, asphaltierten Straße, auf der wir wieder auf den nächsten Hügel radeln. Oben angekommen, erwartet uns das friedliche Dorf **Zwerchstraß,** das außer einer fotogenen kleinen Kapelle eine tolle Aussicht über die Landschaft Richtung Süden zu bieten hat. Im Ort folgen wir dem Wegweiser nach Wemding und fahren über die Dorfstraße gleich wieder bergab zum Westenbrunnenbachtal. Unser nächstes Zwischenziel, **Wolferstadt** mit seiner Kirche auf einem Hügel, ist schon aus der Ferne deutlich zu sehen.

Am Ortsrand der kleinen schwäbischen Gemeinde stoßen wir auf die **Weilheimer Straße** und biegen Richtung Ortsmitte ab, wo wir auf den dreieckigen **Dorfplatz** mit einem hübschen Brunnen auf einem Stück Wiese in dessen Mitte treffen. Eine Bank lädt dort zu einer entspannenden Pause am plätschernden Brunnen ein.

Wir biegen am Dorfplatz links hinauf ab, gleich danach wieder rechts, wo wir auf die barocke Kirche St. Martin auf dem Kirchberg zusteuern, die wir schon aus der Ferne gesehen haben. Vorbei an der Kirche verlassen wir Wolferstadt auf einem kaum befahrenen

Pause am Erlachweiher

Sträßchen, von dem aus wir einen schönen weiten Ausblick auf die Umgebung haben.

Nach einer lang gezogenen Linkskurve nach etwa 2 Kilometern verlassen wir die Straße nach rechts Richtung **Erlanghof.** Ab dem Hof geht es auf einem geschotterten Weg weiter talwärts, am Erlachweiher vorbei auf Wemding zu. Vor einem Tor mit zwei Säulen, hinter dem sich der Campingplatz von Wemding verbirgt, halten wir uns rechts und radeln am Campingplatz entlang bis zu einer Vorfahrtstraße. Hier biegen wir links ab nach Wemding, wobei wir den Radweg rechts der Fahrbahn nutzen.

Nach 1 Kilometer sehen wir hinter dem geschotterten Parkplatz am Johannisweiher rechts der Straße die Altstadtsilhouette mit den Türmen der Stadtpfarrkirche von **Wemding.** Nach weiteren 100 Metern biegen wir rechts ab und fahren an der folgenden Kreuzung geradeaus direkt an der Stadtmauer entlang in das historische Zentrum rund um den **Marktplatz.** Hier sollten wir unsere Räder abstellen, um den Platz mit seinen teils prächtigen Gebäuden, einen der schönsten Marktplätze Schwabens, auf uns wirken zu lassen. Das gelingt gut von der **Pizzeria La Fontana** 9 aus oder bei einem Eisbecher des **Eiscafés Valentino.** Neben der Sparkasse steht das **Geburtshaus von Leonhart Fuchs,** dem Namensgeber der Fuchsie. Es misst an seiner schmalsten Stelle nur 1,50 Meter. Leonhart Fuchs (1501–1566) verließ Wemding mit 10 Jahren für eine höhere Ausbildung. Als Arzt und Botaniker verfasste er über 50 Bücher und wurde von Kaiser Karl V. geadelt. 1696 entdeckte der französische Botaniker Plumier die

Rathaus und Marktbrunnen in Wemding

Fuchsienpflanze in Südamerika und gab ihr Leonhart Fuchs zu Ehren den Namen Fuchsie.

Nördlich des Marktplatzes steht die mächtige katholische Stadtpfarrkirche **St. Emmeram ⑩.** In nördlicher Richtung führt die **Wallfahrtstraße** vorbei an schönen historischen Giebelhäusern und dem **Landhotel Weißer Hahn ⑪** zum **Amerbacher Tor ⑫.** Über diese Straße und das Stadttor erreichen wir nach 1,5 Kilometern die berühmte barocke Wallfahrtskirche **Maria Brünnlein ⑬** von der aus sich ein herrlicher Blick auf das Nördlinger Ries bietet. Dazu biegen wir gut 100 Meter hinter dem Stadttor links in die Oettinger Straße ab.

Die Kirche ist einer der meistbesuchten Wallfahrtsorte in Bayern. 1680 brachte ein Wemdinger Schuhmacher das Gnadenbild Unserer Lieben Frau, das auf dem Gnadenaltar steht, von Rom nach Wemding. 1748 bis 1782 wurde die heutige Rokokokirche erbaut, die eine zu kleine Kapelle von 1692 ersetzte. 1998 wurde sie von Papst Johannes Paul II. zur Basilika minor erhoben.

*Das **Nördlinger Ries** entstand vor 14,4 Millionen Jahren durch den Einschlag eines 1 Kilometer großen Asteroiden mit über 70.000 km/h auf die Erdoberfläche. Ausgeschleudertes Gestein ging in einem Umkreis von 50 Kilometer nieder.*

Nach der Rückkehr von Maria Brünnlein auf gleichem Weg lohnt es, sich durch die Gassen der gepflegten Altstadt von Wemding treiben zu lassen und vielleicht noch im **Café Schlecht** ⑭ unter Weinranken im Hof einen Kaffee zu trinken. Zur Weiterfahrt unserer Rundtour verlassen wir die Altstadt wieder über den Marktplatz Richtung Osten, auf demselben Weg, den wir gekommen sind, bis zur Kreuzung an der Stadtmauer. Dort kreuzen wir die querende Straße über den linken Fußgängerüberweg und fahren gegenüber in die schmale Gasse, die uns zurück zum Parkplatz am Johannisweiher führt. Am Ende des Platzes stoßen wir auf die **Wölferstädter Straße,** auf die wir nach links abbiegen, so wie wir gekommen sind.

Nach 900 Metern biegen wir rechts ab Richtung Waldsee und Otting auf den Radweg Ries 1, wobei Otting unser nächstes Zwischenziel sein wird. Bis dorthin fahren wir durch einen schönen Wald und folgen dabei stets den grünen Radwegepfeilen.

Diesmal südlich am Campingplatz entlangfahrend, kommen wir zum Lohweiher und dem Eingang zum Strandbad. Wir halten uns am See links und bie-

Schloss Otting

St. Lucia und Ottilia

gen nach ca. 600 Metern rechts ab. Unerwartet stoßen wir im Wald auf eine Straße, auf die wir zunächst links abbiegen, um schon nach 90 Metern wieder rechts in den Wald einzutauchen. Nach 1,3 Kilometern gibt uns der Wald wieder frei. Wir folgen weiter dem Wegverlauf bis zu einer T-Kreuzung, an der wir rechts abbiegen. Nun fahren wir auf einem betonierten Weg bergab auf **Otting** zu.

Bevor wir den Ort erreichen, kommen wir am malerisch an einem Weiher liegenden **Schloss Otting** ⑮ vorbei. Bei schönem Wetter lädt die Seeterrasse des Schloss-Cafés zur Rast ein. An der Schlosskirche biegen wir rechts ab und fahren die Straße hinunter. An der nächsten Kreuzung biegen wir links auf die Hauptstraße ab, der wir bis zum Ortsende folgen, wo uns ein unübersehbarer gelber Radwegweiser nach links schickt. Gleich danach biegen wir rechts auf einen Fuß- und Radweg ab.

Am Bahnhof Otting-Weilheim an der Bahnlinie Treuchtlingen – Donauwörth können wir gegebenenfalls die Radtour um ca. 13 Kilometer abkürzen, wenn wir die Regionalbahn nach Treuchtlingen nehmen.

Wir folgen dem Verlauf des Möhrenbachs vorbei an Feldern und Äckern durch das Tal. An einer T-Kreuzung fahren wir rechts und an einer Landstraße wieder links auf einen Radweg. Nach 180 Metern biegen wir rechts ab, wozu wir die Landstraße über- und

Kirche Gundelsheim

die parallel verlaufende Bahnlinie unterqueren, um gleich dahinter links abzubiegen. Wir passieren den **Bahnhof Otting-Weilheim,** unterqueren danach wieder die Bahnlinie und radeln ein Stück auf dem Radweg neben der Landstraße weiter. Schon nach 250 Metern queren wir abermals die Bahntrasse, um den Ortsrand von Weilheim zu erreichen. Hier biegen wir rechts ab Richtung Kirche, vor der wir wieder links in die Kreuzgasse radeln, nicht ohne vorher einen Blick in das Innere der **Kirche St. Lucia und Ottilia** geworfen zu haben, ein wehrhafter mittelalterlicher Bau mit barocker Innenausstattung.

150 Meter nach der Kirche gabelt sich im Ort die Straße. Hier bleiben wir rechts und verlassen bald darauf die Ortschaft. Über einen asphaltierten Feldweg fahren wir hinunter in das Möhrenbachtal. Hinter einem Teich biegen wir links ab. Ein Schotterweg schlängelt sich nun zwischen Wald und Möhrenbach weiter durch das Tal nach **Gundelsheim.** Dieses Dorf durchqueren wir geradeaus, um am Ortsende die Hauptstraße bei einem Wegweiser nach rechts auf einen Feldweg zu verlassen.

Wir fahren nun lange auf einem Feldweg zwischen Waldrand und Möhrenbach. Nach 2 Kilometern will uns ein Radwegepfeil links über eine Brücke auf die Landstraße schicken. Dies ignorieren wir und fahren einfach auf demselben Weg weiter, überqueren nach 700 Metern die St 2217 und setzen die Fahrt auf geschottertem Weg fort. Bald danach sind wir wieder bei **Möhren** und unterqueren die Bahnlinie unter einer hohen Talbrücke. Nun bietet sich ein malerischer Blick über den Bach auf den Ort und das Schloss, das wir schon bei der Hinfahrt gesehen haben. An der nächsten Kreuzung fahren wir geradeaus nach Treuchtlingen. An der folgenden Gabelung fahren wir links.

Wir fahren nun stets geradeaus, machen nur bei der Schurmühle einen kleinen Schlenker, um sie zu umfahren. Danach fahren wir geradeaus weiter, unterqueren wieder die Bahnlinie und treffen schließlich auf eine Straße in der Nähe eines Gewerbegebiets. Wir überqueren sie der Beschilderung Treuchtlingen folgend, unterqueren eine andere Bahnlinie und treffen kurz darauf auf den Altmühltal-Radweg. Hier biegen wir links ab.

Schloss Möhren

An einem Klärwerk biegen wir rechts in die **Kanalstraße** ab, die uns ins Zentrum von **Treuchtlingen** führt. Nach 500 Metern geht es rechts in die **Jahnstraße,** ausgeschildert mit Großparkplatz Stadthalle, und danach gleich wieder links. An der Markgrafenkirche fahren wir links vorbei und erreichen einen zentralen Platz an der **Hauptstraße.** Auf diese biegen wir rechts und sofort danach wieder links ab, um nach Schloss und Volkskundemuseum wieder rechts abzubiegen und unseren Ausgangspunkt zu erreichen.

Treuchtlingen
Auernheim
Hahnen-
kammsee
Oberheumödern
Unterheumödern
Schambach
Altmühl
Dietfurt
St 2216
St 2230
St 2217
Ursheim
WUG 30
Döckingen
Möhren
Haag bei
Treuchtlingen
St 2384
Rohrach
Polsingen
Rothenberg
Eichhof
Zwerchstraß
Westenbrunnenbach
Rehlingen
Hagau
Wolferstadt
Gundelsheim
WUG 6
DON 2
Weilheimerbach
Möhrenbach
Langenaltheim
Amerbach
Weilheim
DON 19
Büttelbronn
Lohweiher
Rehau
St 2214
Wemding
Otting
St 2213
DON 18
Rothenberg
2
1
2
3
4
5
6
7
8
9
10
11
12
13
14
15

Entspannung ★★★☆☆

Genuss ★★★★☆

Romantik ★★★★★

WIE & WANN:
Größtenteils kaum befahrende Straßen, geschotterte Forstwege, asphaltierte und geschotterte Feldwege, mehrere Steigungen mit insgesamt 500 Höhenmetern. Ganzjährig befahrbar, am schönsten von Frühling bis Herbst.

HIN & WEG:
Auto: Parkplatz Josef-Lidl-Straße, 91757 Treuchtlingen (GPS: 48.95616, 10.91352), alternativ Parkplatz an der Altmühltherme
ÖPNV: Bf. Treuchtlingen (RB)

ESSEN & ENTSPANNEN:
Anja´s Museumscafé ❸ Heinrich-Aurnhammer-Straße 8, 91757 Treuchtlingen, Tel. (0 91 42) 9 60 07 31, www.anjas-museumscafe.de
Restaurant Wallmüllerstuben Las Tapas ❹ Hauptstraße 2, 91757 Treuchtlingen, Tel. (0 91 42) 97 53 53, www.wallmüllerstuben.de
Gasthaus Schlossblick ❼ Dorfplatz 9, 91757 Treuchtlingen-Möhren, Tel. (01 51) 67 44 09 90, www.schlossblick-moehren.com
Pizzeria La Fontana ❾ Marktplatz 9, 86650 Wemding, Tel. (0 90 92) 52 99, www.pizza-lafo.de
Landhotel Weißer Hahn ⓫ Wallfahrtstraße 19, 86650 Wemding, Tel. (0 90 92) 9 68 00, www.weisser-hahn.de
Café Schlecht ⓮ Langgasse 6, 86650 Wemding, Tel. (0 90 92) 2 36, www.cafeschlecht.de

ENTDECKEN & ERLEBEN:
Stadtschloss ❶ Heinrich-Aurnhammer-Straße 3, 91757 Treuchtlingen, Tel. (0 91 42) 96 00 60, www.tourismus-treuchtlingen.de
Volkskundemuseum ❷ Josef-Lidl-Straße 3, 91757 Treuchtlingen, Tel. (0 91 42) 9 60 07 31
Jüdischer Friedhof ❺ Uhlbergstraße, 91757 Treuchtlingen **Trail Park** ❻
Schloss Möhren ❽ Schloßstraße 50, 91757 Treuchtlingen, www.schlossmoehren.de
St. Emmeram ❿ **Amerbacher Tor** ⓬
Maria Brünnlein ⓭ Oettinger Straße 103, 86650 Wemding, www.maria-bruennlein.de
Schloss Otting ⓯ Schloßstraße 2, 86700 Otting, Tel. (01 71) 8 55 46 33, www.schloss-otting.de

* 30 Kilometer
* 125 Höhenmeter
* 3 Stunden
* Rundtour

Museum HopfenBierGut

Wo der Hopfen wächst

Durch das Spalter Hügelland

St. Georg und der Drache

Wir beginnen mit unserer Rundtour am Bahnhof **Georgensgmünd.** Östlich der Bahngleise verläuft die **Wiesenstraße,** an der auf Höhe des Bahnhofs der kostenlose P+R-Parkplatz liegt. Wir fahren auf der Wiesenstraße Richtung Süden, die Gleise befinden sich demnach rechts von uns. Nach ein paar Hundert Metern kommen wir durch den Ortsteil **Papiermühle.** Kurz danach führt uns der Weg durch eine Unterführung unter der Bahnlinie, hinter der wir links auf einen Radweg vor einer querenden Straße fahren. Nach wenigen Metern kommen wir zu einem Kreisverkehr, den seit 2008 die 8 Meter hohe Stahlskulptur **St. Georg und der Drache** ❶ der Künstlerin Verena Reiman schmückt.

Wir unterqueren hier am Kreisel wieder die Bahnlinie und folgen der Straße weniger als 100 Meter, um gleich scharf nach rechts auf einen geschotterten Weg abzubiegen. Der führt uns in ein Wäldchen und in das idyllische Tal der **Schwäbischen Rezat.** Dort stoßen wir dann auf eine kleine Landstraße, biegen links ab, überqueren den Fluss, um gleich danach in **Niedermauk** an der ersten Straße rechts abzubiegen. Sofort danach gabelt sich der Weg, wo wir den linken, leicht ansteigenden Weg nehmen. Er geht in einen Forstweg über und führt an der linken Talseite weiter durch einen romantischen Wald mit viel Unterholz. Bei nassem Wetter ist der Weg mit Vorsicht zu genießen, da er kaum befestigt ist. An einer Kläranlage fahren wir geradeaus weiter durch das Rezattal, bis wir am Rande von **Mühlstetten** auf eine Straße stoßen. Hier biegen wir rechts und sofort wieder links ab in die **Mühlstraße.** Nach 100 Metern zweigt rechts der **Fabrikweg** ab zum gut 50 Meter entfernten **Erwins Biergarten 2,** der nur bei schönem Wetter geöffnet hat und mit seinem guten Angebot an Brotzeiten bei Radlern sehr beliebt ist.

An der nächsten Kreuzung überqueren wir die **Pleinfelder Straße** geradeaus und unterqueren danach die Bahnlinie. Auf den nächsten paar Hundert Metern

Georgensgmünd

Für die Seele

Wir genießen die Stille kleiner Täler, den Kieferndurft des Waldes, liegen am Strand, lauschen dem Plätschern und schlendern durch malerische Gassen.

Waldweg im Tal der Schwäbischen Rezat

müssen wir uns auf Steigung einstellen, bis wir Mühlstetten durchquert und den Schwarzenberg erklommen haben. Wir folgen dem Verlauf der Straße durch ein Wohnviertel bis zum Ortsende, wo wieder ein Radweg die Straße begleitet.

Nach 500 Metern biegen wir vor einem Sportplatz links ab Richtung **Brombachsee.** Ein asphaltiertes Sträßchen führt uns nun in einen Kiefernwald, in dem wir gleich links bei einem grünen Radwegepfeil auf einen asphaltierten Weg abbiegen müssen. Wir verlassen schließlich wieder den Wald, der nun von der Höhe, die wir erklommen haben, den Blick freigibt auf die bewaldeten Hügel des Spalter Hügellands. Wir fahren weiter über den Höhenrücken und kommen direkt an einem Hopfenfeld vorbei, wofür die Region berühmt ist. Dazu werden wir in Spalt noch wesentlich mehr erfahren.

Historischer Ortskern von Stirn

Hopfenfeld

Wir steuern direkt auf das auf einer kleinen Anhöhe liegende Dorf **Stirn** zu. Gleich am Ortsrand begrüßt uns auf einer umzäunten Wiese eine ungewöhnliche Gruppe Tiere mit Alpakas, Straußen, Ziegen und Hühnern, wie man sie in dieser Kombination eher selten sieht. Im Ort treffen wir auf eine Vorfahrtstraße und biegen rechts ab. Uns gefallen die schönen, alten Natursteinhäuser mit ihren hohen Dächern, auf deren Böden früher der Hopfen zum Trocknen ausgebreitet wurde.

In der Mitte von Stirn liegt die **Gaststätte & Metzgerei Schwarzer Adler** ❸ an der Hauptstraße, wo man außer an den Ruhetagen auch mittags einkehren kann. Ebenfalls zur mittäglichen Einkehr lockt an der nächsten Kreuzung das **Landgasthaus Zur Linde** ❹, wo wir die vorfahrtberechtigte **Spalter Straße** überqueren. Gegenüber zweigen gleich zwei Straßen nebeneinander ab, von denen wir die rechte Richtung **Brombachsee** nehmen und sofort wieder rechts in den **Angerweg** abbiegen. Der bringt uns nun recht schnell talwärts. Vor uns in der Ferne sehen wir schon den Brombachsee aufblitzen. Wir können die Räder 1 Kilometer sausen lassen, bis wir unten im Tal auf eine T-Kreuzung stoßen, von der wir nach rechts nach **Allmannsdorf** gelangen. Im Ort biegen wir an der ersten Abzweigung links ab Richtung See. Auf einer kleinen Anhöhe überqueren wir eine Straße und treffen auf einen großen **Parkplatz** am Brombachsee. Gleich hinter einer Schranke biegen wir rechts ab und folgen dem Radwegweiser Richtung Spalt.

Das Ende des **Brombachsees** bildet ein fast 40 Meter hoher künstlicher Damm, der das Wasser aufstaut und ihn zum größten See Frankens und dem zweitgrößten Stausee Deutschlands macht. An seinen Ufern gibt es zahlreiche Sandstrände, Strandbars und Restaurants, Jachthäfen, Boots- und SUP-Verleiher. Sogar ein großes Personenschiff, ein Trimaran mit drei Etagen, verkehrt auf dem See zwischen fünf Anlegestellen, Fahrräder dürfen problemlos mit an Bord.

*Der **Brombachsee** besteht aus dem Großen Brombachsee und den zwei Seitenarmen Kleiner Brombachsee und Igelsbachsee. Er dient der Wasserregulierung des Main-Donau-Kanals, der Wasserversorgung Nordbayerns sowie der Naherholung und dem Fremdenverkehr.*

Am Brombachsee

Hier am nordöstlichen Ende des Sees sorgt das **Seezentrum Allmannsdorf** mit breitem Sandstrand, Wind- und Kitesurfern auf dem blauen Wasser und dem **Strandhaus Sand & Sofa** für bestes Urlaubsfeeling. Wer die Tour verlängern möchte, kann den See im Uhrzeigersinn umrunden, wir fahren jedoch auf dem Radweg weiter, lassen den Badebereich hinter uns und tauchen in einen schönen Kiefernwald ein, der sich bis zum Ufer hinunter erstreckt. Das wird immer steiler, bis wir über eine Brücke einen verwunschenen, dschungelartigen Seitenarm überqueren. Der Weg führt dicht am Ufer entlang, zu dessen kleinen Sandstränden es immer wieder Zugänge gibt.

Nach insgesamt fast 4 Kilometern idyllischer Fahrt treffen wir auf das **Seezentrum Enderndorf,** das außer einem Sandstrand mit Liegewiese auch einen kleinen Jachthafen hat. Ein paar Meter oberhalb liegt das **Café-Restaurant Zum Hochreiter** ⑤, dessen Terrasse einen wunderbaren Blick über den See bietet. Ein befahrbarer Staudamm trennt den **Igelsbachsee** vom Großen Brombachsee, doch wir lassen den Damm links liegen und kommen an einem weiteren **Strandhaus Sand & Sofa** ⑥ vorbei, das mit seiner Terrasse direkt am Wasser des Igelsbachsees und mit seinen Lounges zu einer Pause mit einem gekühlten Getränk einlädt.

Vom Strandhaus führt eine Straße den Berg hinauf, über die man nach 400 Metern den Eingang zum **Abenteuerwald Enderndorf** 7 erreicht. Hierbei handelt es sich um einen Kletterwald, von man zum Schluss mit einer Zipline auf 560 Metern Länge und 36 Metern Höhenunterschied quer über den Igelsbachsee sausen kann – ein toller Adrenalinschub.

Wir radeln weiter auf dem Uferweg, der nun wieder durch dichten Wald führt. Nach 3 Kilometern idyllischer Fahrt durch stille Natur erreichen wir am Nordwestende des Sees eine kleine Bucht, um die der Uferweg eine Linkskurve macht und in der ein unbeschilderter Weg geradeaus vom See wegführt. An einem Baum befindet sich eine kleine Wanderwegmarkierung mit der Zahl 16. Den Weg nehmen wir und erreichen nach 100 Metern eine Landstraße, die wir überqueren und geradeaus in das **Gänsbachtal** fahren. Am Ende eines Hopfenfelds mündet der Weg in eine kleine, schmale Landstraße, auf der wir geradeaus weiterfahren.

Abenteuerwald Enderndorf

Wir fahren nun stetig bergauf, durch das lang gestreckte Dörfchen **Keilberg** und erreichen vor einem Wald auf der Anhöhe eine Kreuzung. Hier fahren wir geradeaus in den Wald, wo es wieder rasant bergab geht. Unten im Hatzelbachtal gibt uns der Wald wieder frei, und wir sind von Wiesen, Äckern und Hopfenfeldern um-

Das moderne, interaktive ***Museum HopfenBierGut*** *führt mit multimedialer Unterstützung in das Reich von Hopfen und Bierbrauen und erklärt die Bedeutung, die der Hopfen für Spalt und die Region hat. Am besten, man schließt sich einer Führung an, die mit einer Bierprobe endet.*

geben. Wenig später erreichen wir Spalt und folgen dort dem Verlauf der Straße bis zu einem Kreisverkehr, vor dem links der **Bayerische Hof** ⑧ eine Einkehrmöglichkeit bietet. Am Kreisverkehr führt unser Radweg noch ein Stück geradeaus. Aber wir sollten vorher der **Altstadt** von Spalt, die fast komplett von der alten Stadtmauer umgeben ist, und dem **Museum HopfenBierGut** ⑨ einen ausführlichen Besuch abstatten.

Dazu fahren wir am besten direkt hinter dem Kreisverkehr links auf einen kurzen Fuß- und Radweg, der direkt auf ein riesiges Fachwerkgebäude, das **Kornhaus** der Stadt Spalt, zuführt, in dem sich Museum und Tourist Information befinden.

In der **Tourist Information** liegt auch ein Flyer aus, mit dessen Hilfe man dem **Spalter Geschichtsweg** folgen kann, der Besucher zu den wichtigsten historischen Sehenswürdigkeiten geleitet. Dazu gehören auch die beiden großen, nebeneinander liegenden Kirchen **St. Nikolaus** ⑩ und **St. Emmeram** ⑪ und das **Schlenzgerhaus** ⑫, ein bizarres Fachwerkhaus von 1700, das sich an die Stadtmauer anschmiegt. Auf dem Rundgang entdeckt man viele romantische Ecken und noch zwei nette Restaurants: das kleine, entzückende **Zollhaus-Wirtshaus** ⑬ und das italienische **Restaurant Ciao Sicilia** ⑭.

Wir setzen die Radtour ab dem Kreisverkehr auf der **Bahnhofstraße** fort. Wir fahren vorbei am ehemaligen Bahnhofgebäude, biegen vor dem Edeka rechts ab und dahinter links in die **Industriestraße.** Nach etwa 500 Metern macht der Weg einen leichten Schlenker nach links und verläuft ab hier auf der ehemaligen Bahntrasse der 1995 stillgelegten Bahnlinie. Wir fahren ständig auf ebenem Weg entspannt geradeaus, während sich links von uns die Fränkische Rezat durch das Tal windet. Der Radweg zwischen Spalt und Georgensgmünd ist seit 2000 ein **Planetenweg** im Maßstab 1:1 Milliarde, weswegen wir immer wieder an einem Planetenmodell vorbeiradeln.

Zwischen 1872 und 1995 besaß Spalt einen eigenen Bahnanschluss, wofür eine Stichbahn von Georgensgmünd nach Spalt gebaut wurde. Sie diente in erster Linie dem Abtransport von Hopfen. Heute wird die ehemalige ***Bahntrasse*** *als Radweg genutzt, auf dem auch wir Spalt verlassen.*

Restaurant Zollhaus

Am Ende des **Planetenwegs** am Spalter Bahnhof steht der äußerste Planet Pluto, dem der Status als Planet 2006 allerdings aberkannt wurde. 7,5 Kilometer weiter in Georgensgmünd strahlt die Sonne als Modell mit einem Durchmesser von 1,4 Metern.

Bei Wasserzell kreuzen wir die St 2223, und nach etwa 1 Kilometer macht unser Radweg einen kleinen Bogen, da auf einem Stück von 300 Metern der Weg aus Naturschutzgründen nicht befestigt ist. Kurz danach müssen wir wegen einer Sandgrube, der die Trasse auf 400 Metern zum Opfer gefallen ist, ebenfalls rechts leicht ausweichen. Dahinter geht es auf der Bahntrasse weiter durch einen Kiefernwald. Nach dem Wald setzt sich der Sandabbau links und rechts des Wegs in riesigem Umfang fort.

Der Weg führt nun schnurgeradeaus weiter. Immer wieder kommen wir an einem Planetenmodell vorbei, was die riesigen Abstände der Himmelskörper im All verdeutlicht, zumal die Modelle recht klein sind. Wir erreichen langsam die Ausläufer von **Georgensgmünd,** wo wir dem Wegweiser des Planetenwegs folgend kurz vor dem Ende der Bahntrasse links abbiegen und durch ein Wohngebiet fahren. Nach 400 Metern führt der Weg in die grünen Auen der Fränkischen Rezat, wo wir rechts abbiegen. Hier sind wir nun auf der Zielgeraden des **Planetenwegs,** wo am Ende der geraden Wegstrecke die Sonne wartet. Erst kurz davor kommen wir an Mars, Erde, Venus und Merkur vorbei.

Wir fahren noch einige Meter weiter und erreichen eine Straßenkreuzung. Von dort führt eine Brücke über den Fluss zum **Marktplatz** mit typisch fränkischen Sandsteinhäusern. Noch vor der Brücke dreht sich rechts das **Historische Wasserrad** ⑮ und direkt gegenüber der Rezat liegt das **Eiscafé Herzblut** ⑯ mit einer Terrasse zum Fluss hin. Herzhaftes gibt es im **Restaurant Zur Krone** ⑰ mit Biergarten in einem malerischen Fachwerkhaus an der eben genannten Kreuzung, wo wir nun die Bahnhofstraße hinauffahren. An der zweiten Abzweigung kurz vor dem Bahnhofsgebäude biegen wir links ab in eine Einbahnstraße, die den Bahndamm unterquert. Dahinter biegen wir rechts ab in die **Wiesenstraße,** wo wir den Ausgangspunkt unserer heutigen Rundtour erreichen.

Georgensgmünd
Peters-
gmünd
Mosbach
Mosbacher Weiher
Hügelmühle
Wasserzell
Schnittling
Spalt
Gusseldorfer Straße
Fränkische Rezat
St 2223
RH 6
Fünfbronn
Keilberg
Kaltenbrunn
Großweingarten
Hagsbronn
RH 18
RH 16
Tiefenbach
Niedermauk
St 2224
Oberbreitenlohe
Unterbreitenlohe
Stockheim
RH 13
Enderndorf am See
Ottmannsberg
Mühlstetten
Schwäbische Rezat
RH 19
WUG 18
WUG 19
Stirn
Erlingsdorf
Birklein
Allmannsdorf
Hohenweiler
Igelsbachsee
Absberg
Kleiner Brombachsee
Großer Brombachsee

Entspannung ★★★★★

Genuss ★★★★★

Romantik ★★★★★

WIE & WANN:
Größtenteils kaum befahrende Straßen, Radwege, asphaltierte und geschotterte Wege, einige Steigungen. Ganzjährig befahrbar, am schönsten Frühling bis Herbst.

HIN & WEG:
Auto: P+R-Parkplatz am Bahnhof, Wiesenstraße, 91166 Georgensgmünd (GPS: 49.18414, 11.01651)
ÖPNV: Bf. Georgensgmünd (RB)

ESSEN & ENTSPANNEN:
Erwins Biergarten ❷ Röttenbacher Straße 2, 91187 Mühlstetten, Tel. (0 91 72) 66 92 95, www.erwins-biergarten.de
Gaststätte & Metzgerei Schwarzer Adler ❸ Hauptstraße 21, 91785 Stirn, Tel. (0 91 44) 3 38, www.schwarzer-adler-stirn.de
Landgasthaus Zur Linde ❹ Spalter Straße 2, 91785 Stirn, Tel. (0 91 44) 2 54, www.zur-linde-stirn.de
Café Restaurant Zum Hochreiter ❺ Seeweg 1, 91174 Enderndorf, Tel. (0 91 75) 97 49, www.zumhochreiter.de
Sand & Sofa ❻ Zum Hafen 12, 91174 Enderndorf, Tel. (0 91 75) 9 08 04 08, www.sandundsofa.de
Bayerischer Hof ❽ Albrecht-Achilles-Straße 2, 91174 Spalt, Tel. (0 91 75) 7 96 00, www.bayerischer-hof-spalt.eu
Zollhaus-Wirtshaus ⓭ Am Oberen Tor 7, 91174 Spalt, Tel. (0 91 75) 9 08 14 70, www.zollhaus-spalt.de
Restaurant Ciao Sicilia ⓮ Gänsgasse 53, 91174 Spalt, Tel. (0 91 75) 8 09 94 04, www.ciaosicilia.de
Eiscafé Herzblut ⓰ Am Anger 2, 91166 Georgensgmünd, Tel. (0 91 72) 12 21
Restaurant Zur Krone ⓱ Bahnhofstraße 1, 91166 Georgensgmünd, Tel. (0 91 72) 66 33 53, www.restaurant-zur-krone.info

ENTDECKEN & ERLEBEN:
St. Georg und der Drache ❶ **Abenteuerwald Enderndorf** ❼ Zum Igelsbachsee 1, 91174 Enderndorf, Tel. (0 91 75) 90 72 57, enderndorf.abenteuer-wald.com
Museum HopfenBierGut ❾ Gabrieliplatz 1, 91174 Spalt, Tel. (0 91 75) 79 65 50, www.hopfenbiergut.de
St. Nikolaus ❿ **St. Emmeram** ⓫ **Schlenzgerhaus** ⓬ **Historisches Wasserrad** ⓯

Main-Donau-Kanal mit
Kloster Plankstetten

Städtehopping

Beilngries, Dietfurt, Berching

Wir parken am Parkplatz Mittelmühle an der Sulz in unmittelbarer Nähe zur Altstadt von **Beilngries.** Weitere Parkplätze gibt es am Hafen, wo sich auch die Haltestelle für den Fahrradbus befindet. Die Wegbeschreibung von dort zur Altstadt findet sich am Ende unserer Tour, da wir dort zum Schluss vorbeifahren werden.

Zuerst überqueren wir die Sulz und fahren danach am Stadtgraben links entlang der Stadtbefestigung. An der ersten Querstraße biegen wir beim **Seelennonnenturm** rechts ab. Im auch Seelenwärterhaus genannten Turm wohnte die Totenfrau der Stadt. Durch die Schneider-Peterle-Gasse (was für ein netter Name!) erreichen wir das **Haus des Gastes,** das die Hauptstraße abschließt. Es wurde in der Mitte des 15. Jahrhunderts als Getreidekasten errichtet. Vor dem Gebäude gibt es eine E-Bike-Ladestation. Sollte man sein Ladegerät vergessen haben, kann man sich in der Tourist-Information eins leihen.

Wir sind nun mitten im Zentrum der belebten und wunderschön sanierten Altstadt von Beilngries. Sie hat ein unübertroffenes gastronomisches Angebot. Direkt gegenüber liegt das Hotel und Restaurant **Fuchsbräu ①,** zu dem heute auch das benachbarte historische Gebäude **Kaiserbeck** aus dem 16. Jahrhundert gehört. Gleich um die Ecke noch in der Hauptstraße gibt es weitere Gasthöfe, wie das ebenfalls in historischen Mauern befindliche Hotel **Der Millipp ②** aus dem 15. Jahrhundert mit Metzgerei und Gasthof. Am anderen Ende der Hauptstraße liegt der neu gestaltete Biergarten der letzten Brauerei von Beilngries **Schattenhofer ③**. Etwas abseits des Trubels **in der Buchbindergasse,** einer der vielen Kopfsteinpflastergassen, findet man das **Altstadtcafé.**

Gastgarten Der Millipp

Wehrkirche St. Vitus

Nun wollen wir endlich mit der Radtour beginnen und fahren dazu auf der **Hauptstraße** am Haus des Gastes und dem Millipp vorbei geradeaus über die erste Kreuzung in die **Ingolstädter Straße,** in der wir hinter einem Discounter auf den Radweg links der Straße wechseln können. Nachdem wir die Altmühl überquert haben, entfernt sich der Radweg von der B 299, wo wir nun auf einem kleinen Stück alter Bahntrasse von Bäumen und Sträuchern eingerahmt fahren. Nach etwa 700 Metern biegen wir an einer Wegkreuzung links ab auf ein schmales Sträßchen, das uns an einem kleinen Flugplatz vorbeiführt.

Nach etwa 3 Kilometern Fahrt durch das ebene Altmühltal erreichen wir das erste Zwischenziel, **Kottingwörth** mit der Wehrkirche **St. Vitus ④**. Dazu müssen wir im Ort gleich nach links die Altmühl überqueren. An der nächsten Abzweigung führt unser Radweg nach rechts. Zuvor machen wir aber einen kurzen Ab-

Für die Seele

Märchenhafte Städtchen, die zum Bummeln und Verweilen einladen, Perlen der Geschichte und der Kunst liegen in grünen, verträumten und einsamen Tälern.

Filialkirche St. Johannes und Paulus, Grögling

stecher nach links zur Kirche, die man über einen grauen Torturm betreten kann. Die Kirche wurde erstmals 1073 erwähnt und letztmals im Barock von Barbieri aus Eichstätt umgebaut. In der **Vituskapelle** entdeckte man erst im 19. Jahrhundert die fantastischen Fresken aus der Zeit um 1310. Die Bilder zeigen das Martyrium von St. Vitus in der Zeit, als die Christenverfolgung unter Diokletian in Rom ihren Höhepunkt erreicht hatte.

Wir fahren zurück zur Abzweigung, wo wir am **Wirtshaus zu Sonne** mit seinem großen Biergarten vorbeikommen und hier rechts abbiegen. Nach gut 2 Kilometern Fahrt auf einem asphaltierten Feldweg über Wiesen und Felder treffen wir auf eine kleine Vorfahrtstraße. Hier kann man einen Abstecher nach rechts zum **Café im Holzhaus** 5 im Weiler **Grögling** machen, ein nettes Lokal in einem im klassischen Stil erbauten Holzhaus mit einem Gastgarten. Am Ufer der Altmühl steht eine kleine Kapelle. Hinter ihr hält man sich rechts und erreicht nach wenigen Metern das Café.

Am Ortsrand von **Töging** überqueren wir die **St 2230** und fahren gegenüber in die **Johann-Hummel-Straße,** die wir nach knapp 400 Metern leicht nach links in den **Ziegeleiweg** verlassen. Ab hier fahren wir wieder ein Stück auf der alten **Bahntrasse** der Bahnlinie Neumarkt – Dietfurt. Sie wurde 1909 eröffnet und 1967 stillgelegt. 500 Meter nach dem Ortsende von Töging endet die Fahrt auf der Trasse am alten Ludwigskanal. Biegt man hier links ab, erreicht man im Bereich einer alten Kanalschleuse das Erlebnisdorf **Alcmona** ❻**.** Der Verein Alcmona hat hier ein bronzezeitliches Langhaus nachgebaut, in das immer sonntags Leben einkehrt. Auch sonst ist das Gelände frei zugänglich.

Café im Holzhaus

*Vorläufer des 1992 fertiggestellten **Main-Donau-Kanals** war der von König Ludwig I. im 19. Jahrhundert erbaute Ludwig-Donau-Main-Kanal, der den Main bei Bamberg mit der Donau bei Kelheim verband. Der Ludwigskanal ist zwischen Beilngries und Nürnberg weitgehend erhalten und bietet sich ebenfalls für eine herrliche Radtour an!*

Wir radeln weiter auf dem Fahrradweg, der nun entlang der Staatsstraße über den Main-Donau-Kanal führt. An der nächsten Abzweigung fahren wir dann links über die **Bahnhofstraße** ins Zentrum von Dietfurt. Biegt man vorher vor dem Fußballplatz links ab, erreicht man das **China Restaurant 7-Täler** mit ausgesprochen guter Küche. Das absolute Highlight an einem historischen Gasthaus ist der **Gasthof Stirzer** ❼ weiter oben in der Hauptstraße, ein Juwel von einem Jurahaus mit historischer Wirtsstube und Gewölbe im alten Brauhaus.

Ein Haus weiter die Straße hinauf gibt es wieder Historisches aus einer jüngeren Epoche zu sehen. Hier klappert das Rad des lebendigen **Altmühltaler Mühlenmuseums** ❽**.** Ein seltenes Museum ist das **Wagnerei-**

Museum 9, das jedoch nicht ohne Voranmeldung zu besichtigen ist. Wahrzeichen der Stadt ist der Chinesenbrunnen vor dem Rathaus. Auf der anderen Seite des Rathauses kann man im **Eiscafé Valentina** noch ein Eis essen, bevor es weitergeht. Die nächsten 18 Kilometer werden uns durch traumhafte Natur und Einsamkeit ohne jegliche Einkehrmöglichkeit führen.

Wir fahren die Hauptstraße bis zur Kreuzung zurück, um dort rechts in die **Hafnergasse** abzubiegen, die uns zum **Franziskaner-Kloster** bringt. In ihm verbirgt sich seit 1977 ein wunderschöner Zen-Garten, der für Teilnehmer von Meditations- und anderen Kursen offensteht. Ein perfekter Ort, um Ruhe und Stille zu finden. Vor dem Kloster steht eine alte Linde, an der wir links vorbei geradeaus fahren. Wir folgen stets dem Verlauf des **Premerzhofer Wegs,** auch über das Ortsende hinaus, wo wir in das idyllische Tal der **Weißen Laber** fahren. Nach etwa 1,5 Kilometer macht der Weg eine 90-Grad-Rechtskurve und lässt uns die Weiße Laber überqueren. Kurz danach treffen wir auf eine Landstraße, biegen hier links ab und verlassen sie gleich wieder nach 150 Metern nach schräg links. Hier geht

*Die Stuben im **Gasthaus Stirzer,** in dem im 17. Jahrhundert Bier gebraut wurde, strahlen eine romantisch-historische Atmosphäre ohne jeglichen Kitsch aus. Ebenso romantisch ist der Gastgarten im gepflasterten Innenhof. In der Küche wird Regionales nach den Regeln von Slow Food verarbeitet.*

Historischer Gasthof Stirzer

es auf einem Feldweg mit Grasstreifen in der Mitte weiter.

Der Anfang des Wegs ist recht rustikal, was uns aber nicht davon abhalten soll, ihn zu fahren, da er schon nach gut 600 Metern deutlich besser wird und als gut geschotterter Weg weiterführt. Wir stehen hier am Beginn einer traumhaft schönen Fahrt durch ein herrliches, romantisches und auf den nächsten 4 Kilometern auch einsames Tal ohne Straßen und Häuser. Die Weiße Laber darf hier von menschlichen Eingriffen unbehelligt in unendlich vielen Schleifen entlangfließen. Wir folgen stets dem Verlauf des Wegs. Immer wieder kommen wir an kleinen Quellen vorbei.

Beim Weiler **Unterbürg** treffen wir auf eine Straße, auf der wir weiter durch das Tal fahren. Nach etwa 1 Kilometer erreichen wir **Staadorf** und biegen danach links auf eine Nebenstraße ab, die weiter dem Verlauf des Tals folgt. Nach etwa 2 Kilometern biegen wir im Weiler **Erbmühle** links ab Richtung **Berching.**

Wir durchqueren nun das Tal und fahren auf der gegenüberliegenden Seite auf einer einspurigen Straße bergauf, da wir nun den Bergrücken zwischen den Tälern der Weißen Laber und dem Sulztal überqueren werden. Schließlich zweigen wir in das kleine Pfaffental ab, wo wir nach einem recht steilen Anstieg das Dorf **Oening** erreichen. Am Ende der Ortsdurchfahrt gabelt sich die Straße, wir fahren rechts auf einen asphaltierten Weg, der parallel zu einer Landstraße weiter leicht bergauf führt. Im weiteren Verlauf überqueren wir eine sanft hügelige Hochebene mit einigen Windkraftwerken und einer Stromtrasse.

An einem Kreisverkehr fahren wir weiter geradeaus. Endlich können wir unsere Räder wieder bergab laufen lassen. Nach einer Kurve taucht Berching unten im Sulztal auf. Unsere Talfahrt endet schließlich an der Kreuzung mit der Bundesstraße B 299, die wir überqueren, um an der nächsten Gabelung rechts durch ein Stadttor in die Vorstadt abzubiegen, den ältesten Stadtteil von **Berching.** Wir holpern über uraltes Kopfsteinpflaster bis zur nächsten Kreuzung und biegen links ab. Vor der **Johannesbrücke** über die Sulz liegt rechts hinter der Spitalkapelle seit 2021 die **Kulturhalle**, die trotz oder gerade wegen ihrer Architektur wunderbar ins Stadtbild passt. Die FAZ bezeichnet sie als architektonischen Glücksfall. Davor breitet sich ein schöner, einladender **Biergarten** aus.

Hinter der Johannesbrücke erreichen wir das **Museum Berching,** das dem berühmtesten Sohn der Stadt Willibald Gluck gewidmet ist. Durch das **Mittlere Tor** ⑩ betreten wir die Altstadt, die heute noch komplett von einer **Stadtmauer** mit vier Toren und 13 Türmen umgeben ist. Sie ist teilweise noch begehbar. Am **Petten-**

Berching von der Johannesbrücke

koferplatz kann man im **Hotel-Gasthof Blaue Traube** ⑪ aus dem 17. Jahrhundert einkehren. Am benachbarten **Reichenauplatz** ist das frisch sanierte **Altstadthotel Brauereigasthof Winkler** ⑫ zu empfehlen.

Als weitere Sehenswürdigkeit sollten wir noch die **Stadtpfarrkirche Mariä Himmelfahrt** besichtigen. Sie gehört mit ihrer Rokokoausstattung zu den interessantesten Kirchen des 18. Jahrhunderts im Bistum Eichstätt. Danach verlassen wir die Stadt durch das westliche **Stadttor,** wo wir direkt auf den **Main-Donau-Kanal** stoßen. Wir fahren am Ufer nach links und folgen dem Weg bis zur **Schleuse Berching,** an der wir die Seite wechseln. Dort folgen wir nicht der Radwegbeschilderung, sondern biegen wieder links hinunter zum Kanalufer ab.

Nach 2 Kilometern nähern wir uns einer Stahlbrücke über den Kanal. Genau 200 Meter davor zweigt ein asphaltierter Weg schräg rechts ab. Den nehmen wir, um über die **Abt-Maurus-Straße** zum **Kloster Plankstetten** ⑬ zu gelangen, das rechts oben am Hang liegt. Das 1129 gegründete Kloster ist heute noch eine Benediktinerabtei. Die heutigen Gebäude stammen aus dem

Radfahrer am Main-Donau-Kanal

Barock. Die romanische Klosterkirche blieb erhalten, wurde aber barockisiert.

Zur Weiterfahrt radeln wir an der unteren Klostermauer entlang Richtung Beilngries und nehmen dann nach den letzten Gebäuden an einer Gabelung den linken Weg, der geradeaus nach **Biberach** führt. Bei den ersten Häusern biegen wir links ab hinunter, wo wir zuerst auf die Sulz und dann auf den **Kanal** treffen und nach rechts am Ufer weiterfahren. Nach 1,7 Kilometern überqueren wir einen Ablauf, der die Sulz mit Wasser versorgt. Dann kommen wir an einem Jachthafen vorbei und halten uns danach rechts, wo wir auf Parkplätze und die **Bushaltestelle am Hafen** treffen. Um von hier in die Altstadt von Beilngries zu gelangen, fahren wir nach rechts auf einen unscheinbaren Weg mit einem kaum sichtbaren Radwegepfeil. Nach 200 Metern biegen wir links ab und unterqueren nach 300 Metern an der Sulz eine Straße. An der nächsten Kreuzung können wir links die Sulz überqueren, um zum **Parkplatz** zurückzukommen, oder rechts abbiegen, um die Altstadt zu erreichen.

Die Mönche von ***Kloster Plankstetten*** *leben von biologischer Landwirtschaft und lassen in Riedenburg ihr Bier brauen, das sie in der Klosterschenke ausschenken. Im modernen Klosterhofladen, ein kleiner Bio-Supermarkt, kann man Fleisch, Gemüse und andere Produkte kaufen.*

Jettingsdorf
St 2388
Berching
12
11
10
Rudertshofen
St 2336
Wirbertshofen
Sulz
Winterzhofen
NM 3
Kemnathen
Gimpertshausen
Oening
St 2551
Wallnsdorf
Fribertshofen
Eglasmühle
Plankstetten
13
Litterzhofen
Raitenbuch
Dürn
Breitenbrunn
Staadorf
NM 11
NM 3
Schweigersdorf
Unterbürg
Muttenhofen
Hebersdorf
Oberndorf
Unterbürger Laber
Premerzhofen
St 2393
Biberbach
Kevenhüll
299
Erggertshofen
Breitenbrunner Laber
Mallerstetten
Hainsberg
Wiesenhofen
Kaising
Ludwig-Donau-Main-Kanal
St 2234
St2394
Wildenstein
Hirschberg
3
1
2
P
H
Main-Donau-Kanal
Ottmaring
NM 15
7
8
9
Dietfurt
an der Altmühl
6
Beilngries
St 2230
St 2230
Leising
4
Kottingwörth
Töging
NM 23
Mühlbach
Badanhausen
Kirchanhausen
Haunstetten
Paulushofen
Altmühl
5
Gröging

Entspannung ★★★★☆

Genuss ★★★★★

Romantik ★★★★★

WIE & WANN:
Asphaltierte und geschotterte Wege, kaum und wenig befahrene Straßen. Vorwiegend eben, eine lange Steigungsstrecke. Ganzjährig befahrbar, am schönsten von Frühling bis Herbst.

HIN & WEG:
Auto: Parkplatz Mittelmühle nur für Pkw, Mittelmühlweg 5, 92339 Beilngries (GPS: 49.03654, 11.47469)
ÖPNV: Freizeitbus Linie 6010 Regensburg – Dollnstein über Beilngries Hafen, Mai bis 3. Oktober an Wochenenden (www.naturpark-altmuehltal.de/freizeitbusse, Tel. (08 21) 5 02 15 15)

ESSEN & ENTSPANNEN:
Fuchsbräu ❶ Hauptstraße 23, 92339 Beilngries, Tel. (0 84 61) 65 20, www.fuchsbraeu.de
Der Millipp ❷ Hauptstraße 9, 92339 Beilngries, Tel. (0 84 61) 12 03, www.der.millipp.de
Schattenhofer ❸ Hauptstraße 46, 92339 Beilngries, Tel. (0 84 61) 6 41 30, www.schattenhofer-beilngries.de
Café im Holzhaus ❺ Grögling 3, 92345 Dietfurt, Tel. (0 84 64) 81 67
Gasthof Stirzer ❼ Hauptstraße 45, 92345 Dietfurt, Tel. (0 84 64) 6 02 59 90, www.gasthof-stirzer.com
Hotel-Gasthof Blaue Traube ⓫ Pettenkoferplatz 3, 92334 Berching, Tel. (0 84 62) 12 50, www.hotel-blauetraube.de
Altstadthotel Brauereigasthof Winkler ⓬ Reichenauplatz. 22, 92334 Berching, Tel. (0 84 62) 13 27, www.winkler-berching.de

ENTDECKEN & ERLEBEN:
St. Vitus ❹ **Alcmona** ❻ **Altmühltaler Mühlenmuseum** ❽ Hauptstraße 51, 92345 Dietfurt, Tel. (0 84 64) 2 09, muehle-dietfurt.jimdo.com
Wagnerei-Museum ❾ Zum Goggerturm 24, 92345 Dietfurt, Tel. (0 84 64) 60 21 23, www.wagnereimuseum-dietfurt.de **Mittleres Tor** ❿
Kloster Plankstetten ⓭ Klosterplatz 1, 92334 Plankstetten, Tel. (0 84 62) 20 60, www.kloster-plankstetten.de

- 40 Kilometer
- 100 Höhenmeter
- 4 Stunden
- Rundtour

Radweg bei Burghausen

Zu den Quellen

Landidyll am Altmühl-Oberlauf

Altes Steinhaus in Oberdachstetten

Wir starten am Parkplatz hinter dem Rathaus von **Oberdachstetten,** indem wir links auf die **Rathausstraße** Richtung Norden abbiegen, an einer Mauer unterhalb der Dorfkirche einer Linkskurve folgen und dann geradeaus unterhalb eines restaurierten massiven Steinhauses mit Fachwerkgiebel von 1581 entlangfahren. Danach stoßen wir auf die **Hauptstraße,** an der gegenüber der schöne alte **Brauereigasthof Haag** (1) liegt. Wir fahren hier links und beim Gasthof sofort wieder rechts Richtung **Bahnhof.** An der Sparkasse biegen wir schräg links in die **Büttelbergstraße** Richtung Rothenburg ob der Tauber ab. Wer mit dem Zug angereist ist, fährt vom Bahnhof über die Bahnhofstraße zur Hauptstraße, auf die er am Sparkassengebäude trifft, und von dort in die schräg rechts gegenüberliegende **Büttelbergstraße** Richtung Rothenburg.

Wir verlassen den Ort über die Büttelbergstraße, unterqueren die **B 13,** fahren danach sofort rechts und

*Die **Europäische Wasserscheide** durchquert Europa von Südspanien bis Russland. Nördlich von ihr fließt alles Wasser in den Atlantik, südlich in das Mittelmeer und das Schwarze Meer. Der Abschnitt in Süddeutschland trennt die Einzugsgebiete von Rhein und Donau.*

*Entlang der Europäischen Wasserscheide führt ein regionaler **Wanderweg** auf etwa 100 Kilometern auf den Höhen des Naturparks Frankenhöhe von Ansbach nach Schnelldorf. Die naturnahen Wanderwege schlängeln sich durch Wälder, Wiesen und Trockenrasenflächen.*

an der nächsten Möglichkeit wieder links, wobei wir stets der Beschilderung nach Rothenburg folgen. Vor uns sehen wir den **Büttelberg** mit seinen Sendemasten, an dem wir links vorbeifahren werden. Im weiteren Verlauf des Wegs, wobei wir bis Burghausen stets den Radwegpfeilen folgen, genießen wir einen weiten Blick über die vor uns liegende Hügellandschaft.

Gleich hinter dem Ortsschild von **Burghausen** biegen wir rechts ab auf ein kleines Landsträßchen Richtung **Ermetzhof.** Vor uns sehen wir eine Hügelkette, die nichts weniger ist als ein Teil der Europäischen Wasserscheide.

Im Weiler **Ermetzhof** biegen wir an der einzigen Abzweigung links ab nach **Preuntsfelden.** Die Straße dorthin schlängelt sich durch sanft hügelige Landschaft. In Preuntsfelden biegen wir vor einem Fachwerkgehöft links ab, fahren durch den Ort leicht bergab Richtung Hornau, wobei wir uns rechts halten. Nach etwa 800 Metern zweigt an einer Gabelung der Weg schräg rechts ab zur **Hornauer Mühle,** die sich am Rande des **Hornauer Weihers** ❷ befindet.

Vor dem Teich fahren wir links und stoppen an einem großen Naturstein am Ufer mit der Inschrift „Ursprung der Altmühl“. Diese durch den Stein markierte Stelle wurde 1904 von einer amtlichen Kommission aus München als Ursprung der Altmühl definiert. Tatsächlich hat der Fluss keine eigentliche Quelle, hier handelt es sich um ein Quellgebiet mit mehreren kleinen Quellen.

Altmühlursprung am Hornauer Weiher

Wir folgen dem Weg am Ufer des Teichs bis zu einem Schilderwald an einem Mast, an dem ein brauner Wegweiser nach links zu einem Gasthaus mit Biergarten weist. Der **Gasthof zur Altmühlquelle** ❸

Für die Seele

Über sanfte Hügel an Bergen und historischen Mauern entlang radeln wir durch schmucke Dörfer inmitten ländlicher Idylle in stille Wälder zu erfrischenden Quellen.

Waldgasthof Wildbad

hat einen einfachen, aber schön mit Oleandern dekorierten Biergarten und eine kleine Speisekarte mit leckerem Essen, da hier alles frisch zubereitet wird, was man auch schmeckt.

Wir radeln zurück zum Schildermast und weiter Richtung Burgbernheim durch **Hornau,** wo wir auf eine Landstraße stoßen. Der folgen wir geradeaus, wobei es stetig leicht bergauf geht. Bald taucht die Straße in einen Wald ein, wo wir nach gut einem halben Kilometer auf einen schräg nach rechts abzweigenden Waldweg abbiegen. Einen Wegweiser sieht man hier nur, wenn man aus der entgegengesetzten Richtung kommt. Nach 200 Metern erreichen wir den **Hirschteich ④,** der zum Quellgebiet der Altmühl gehört. Ein wesentlich romantischerer Ort als der Hornauer Weiher.

Wer mag, kann von hier noch einen Abstecher zum **Waldgasthof Wildbad ⑤** machen. Mitten im Wald in einer wildromantischen Schlucht steht ein malerisches Fachwerkensemble mit kulturhistorischer Bedeutung. Heute ist es Hotel und Restaurant und lohnt

__Wildbad__ war ein Kurbad des 18. und 19. Jahrhunderts, dessen Geschichte sogar ins 15. Jahrhundert zurückreicht, als hier die ersten Bauten standen. 1864 errichtete man ein Badehaus in der Hoffnung auf wirtschaftlichen Aufschwung, der aber ausblieb.

schon dafür den Abstecher. Auf dem Weg dorthin überquert man übrigens die Europäische Wasserscheide, da das Quellwasser von Wildbad letztlich in den Rhein fließt. Man fährt dazu den Waldweg vom Hirschteich aus noch 600 Meter weiter, wo man wieder auf die Straße trifft. Die überquert man und erreicht nach 400 Metern Wildbad. Sicherheitshalber sollte man vorher anrufen, ob das Restaurant geöffnet ist.

Nach dem Ausflug zu den Quellen der Altmühl fahren wir denselben Weg zurück zum Hornauer Weiher, vorbei an der Hornauer Mühle, halten uns dort links auf dem Feldweg, den wir gekommen sind, und biegen dann an der ersten Abzweigung, noch vor Preuntsfelden, rechts ab Richtung **Birkach.** Seit dem Hornauer Teich befinden wir uns übrigens auf dem offiziellen Altmühltal-Radweg, der in Rothenburg o. d. T. startet. Ihm werden wir bis Colmberg folgen.

Kurz danach überqueren wir ein kleines Rinnsal namens Altmühl und biegen nach links auf einen geschotterten Feldweg ab Richtung Colmberg. Kurz vor Burghausen fahren wir auf den Weiler zu und müssen davor ganz scharf nach rechts abbiegen. Wir können

Hirschteich

aber auch hier noch einen ganz kurzen Abstecher zum 150 Meter entfernten **Gasthaus Zur Krone** ❻ machen. Vor dem schönen Haus, das zu einem Biobauernhof gehört, ist nur Platz für wenige Tische. Gerne gesellt sich der Seniorchef zu seinen Gästen.

Wir folgen weiter dem Radweg unweit der Altmühl nach **Binzwangen,** wo wir in der Ortsmitte an der offenen evangelischen Kirche **St. Sebastian Cornelius und Cyprian** ❼ vorbeikommen. Ein Blick ins Innere lohnt. Witzig finden wir das Taufbecken, das von einer barocken Putte getragen wird. An der nächsten Abzweigung biegen wir links ab und überqueren wieder die Altmühl, bevor wir auf die **Staatsstraße 2245** stoßen. Wir biegen rechts ab und verlassen sie gleich wieder nach links durch den Weiler **Oberhegenau.**

Naturdenkmal alte Eiche

Wir weichen hier kurzzeitig von der Wegführung des Altmühltal-Radwegs ab und biegen nach dem Weiler am ersten Feldweg, der als Marienweg ausgeschildert ist, rechts ab. An der nächsten Abzweigung fahren wir links weiter auf einem asphaltierten Feldweg bis zu einer T-Kreuzung. Hier biegen wir rechts ab und befinden uns wieder auf dem Altmühltal-Radweg. Links kommen wir an einer **300 Jahre alten Eiche** ❽ vorbei, die als Naturdenkmal ausgewiesen ist. Im weiteren Verlauf des Wegs fahren wir am Fuß des Eichelbergs entlang.

Der Weg führt schließlich zwischen zwei Teichen hindurch auf einen Golfplatz zu, hinter dem sich die Burg Colmberg erhebt. Am Rande von **Colmberg** treffen wir nun erstmals auf eine stark befahrene Straße, die **Rothenburger Straße.** Wir tangieren sie aber nur, da wir hier gleich links hinauf auf **Am Fohlenhof** fahren, dann rechts weiter auf **Am Schlossberg,** um links über die steil ansteigende **Burgstraße** zur Burg Colmberg zu gelangen. Vor der Zufahrt zur Burg liegt rechts der Wirtschaftshof mit der **Gaststätte Gutshof** 9 mit fränkischer Küche.

Von der um 1240 erbauten Gründungsburg von ***Burg Colmberg*** *stehen heute noch die Ringmauer, ein Teil des Palas und der runde Bergfried. Umbauten erfolgten um 1600. Die Burg wurde nie erobert oder zerstört, auch der Abriss im 19. Jahrhundert konnte verhindert werden.*

Zur behutsam sanierten **Burg Colmberg** 10 führt links ein steiler, holpriger Kopfsteinpflasterweg hinauf. Die Mühe lohnt sich aber in jedem Fall, da man von den Burgmauern mit einem herrlichen 180-Grad-Panorama belohnt wird. Wenn wir die Burg vollständig umrunden, erreichen wir das Tor zum Inneren Burghof mit Hotel und Restaurant. Das Ambiente verlockt schon sehr zum Bleiben.

Wir radeln die Zufahrt zurück bis zur Abzweigung und strampeln die letzten paar Hundert Meter die Straße hinauf, bis wir einen Bergrücken erreicht haben. Ein Blick nach rechts lässt uns nochmals anhal-

Golfplatz und Burg Colmberg

ten, um ein Foto auf den unten liegenden Ort mit der Burg zu machen. Der Anstieg hat sich allein dafür gelohnt, zumal es jetzt fast nur noch eben oder bergab weitergeht.

Im weiteren Verlauf des kleinen Sträßchens fahren wir vorwiegend talwärts nach **Berndorf** und von dort nach **Obersulzbach.** Im Ort biegen wir vor dem **Gasthaus Krone ⑪,** das nur abends geöffnet hat, links ab und danach sofort wieder rechts. Danach haben wir leider wieder eine kleine Steigung zu bewältigen, bevor wir vor **Hohenau** die **B 13** überqueren. Weiter geht es durch wunderschöne Landschaft endlich wieder flott bergab nach **Mitteldachstetten.** In der Ortsmitte treffen wir auf ein nettes Gebäudeensemble mit der trutzigen Dorfkirche St. Jakob, an dem wir links vorbeifahren bis ans Dorfende. Dort hat der Bildhauer Thomas Röthel sein Atelier, in dem er mächtige Skulpturen aus massivem Stahl herstellt, von denen einige sein Grundstück zieren.

St. Jakob

Hier biegen wir rechts ab Richtung Oberdachstetten. Der Weg führt uns hier durch das weite Tal der Fränkischen Rezat, bis wir schließlich **Oberdachstetten** erreichen und vor dem Kreisverkehr rechts in die **Rathausstraße** abbiegen. Dort erreichen wir den Parkplatz hinter dem Rathaus, wo wir gestartet sind. Zum Bahnhof kommen wir von hier am besten, indem wir die Straße weiterfahren bis zur Kirche und dort rechts in die Nürnberger Straße abbiegen, die gerade auf die Bahnlinie zusteuert. Der **Bahnhof** liegt dann ein Stück weiter links an der Bahnhofstraße.

Marktbergel
Urphertshofen
Egenhausen
St 2253
13
Oberdach-
stetten
Anfelden
St 2245
AN 8
Poppenbach
Krummbach
Möckenau
Mitteldach-
stetten
Spielberg
Fränkische Rezat
Berglein
Hohenau
Obersulzbach
Untersulzbach
Gräfenbuch
Sulzbach
Birkach
Berndorf
Colmberg
Unterhegenau
Oberhegenau
Oberfelden
Unterfelden
St 2250
Dornhausen
Kreuth
Kreuthbach
Geslau
Ödenbach
Karrachbach
Stettberg
Binzwangen
Cadolzhofen
AN 8
Burghausen
Altmühl
Krummbach
Birkach
Ermetzhof
Preuntsfelden
Hornau
AN 7
NEA 52
Windelsbach
1
2
3
4
5
6
7
8
9
10
11

Alles auf einen Blick

Entspannung ★★★★☆
Genuss ★★★★☆
Romantik ★★★★★

WIE & WANN:
Kaum und wenig befahrene Straßen, Feldwege, Radwege. Mehrere leichte, eine starke Steigung. Ganzjährig gut befahrbar, am schönsten von Frühling bis Herbst.

HIN & WEG:
Auto: Parkplatz Rathaus, Rathausstraße 7, 91617 Oberdachstetten (GPS: 49.41357, 10.42444)
ÖPNV: Bf. Oberdachstätten (RB)

ESSEN & ENTSPANNEN:
Brauereigasthof Haag ❶ Hauptstraße 18, 91617 Oberdachstetten, Tel. (0 98 45) 2 06, www.brauerei-haag.de
Gasthof zur Altmühlquelle ❸ Hornau 37, 91635 Windelsbach, Tel. (0 98 43) 14 35, www.gasthof-altmuehlquelle.de
Waldgasthof Wildbad ❺ Wildbad 1, 91593 Burgbernheim, Tel. (0 98 43) 13 21, www.waldgasthof-wildbad.de
Gasthaus Zur Krone ❻ Burghausen 9, 91635 Windelsbach, Tel. (0 98 67) 3 80, www.biolandhof-korn.de
Gaststätte Gutshof ❾ Burgstraße 26, 91598 Colmberg, Tel. (0 98 03) 12 09, www.gutshof-colmberg.de
Burg Colmberg ❿ An der Burgenstraße, 91598 Colmberg, Tel. (0 98 03) 9 19 20, www.burg-colmberg.de
Gasthaus Krone ⓫ Obersulzbach 8, 91611 Lehrberg, Tel. (0 98 03) 2 80

ENTDECKEN & ERLEBEN:
Hornauer Weiher ❷
Hirschteich ❹
St. Sebastian Cornelius und Cyprian ❼ Binzwangen 13, 91598 Colmberg
300 Jahre alte Eiche ❽

Schambachtal an der Biberplattform

- 27 Kilometer
- 115 Höhenmeter
- 3 Stunden
- Rundtour

Vom Wanderparkplatz an der Altmühl in **Arnsberg** starten wir auf dem geschotterten Radweg am diesseitigen Flussufer Richtung Süden, ausgeschildert mit Radwanderweg Schambach. Wir fahren also nicht über die Brücke auf dem Altmühltal-Radweg, von dort kommen wir später zurück.

Wald und Heide

Zwischen Pfünz und Arnsberg

Nach 600 Metern trifft unser Weg auf die **St 2230** am Ortsende von Arnsberg. Wir fahren auf dem Radweg auf der anderen Straßenseite weiter und biegen schon nach 50 Metern links auf die kaum befahrene Straße nach **Schambach** ab. Hier beginnt das gleichnamige Tal, das trotz Namensgleichheit nichts mit dem Riedenburger Schambachtal zu tun hat.

Nach einem Sägewerk mäandert der Bach durch naturbelassenes, mit Schilf bewachsenes Sumpfgebiet. Am Ortsanfang von Schambach kann man an einem kleinen **Rastplatz mit Wassertretbecken** ❶ die erste Rast einlegen. Wenig später kommen wir am **Gasthof zur Linde** ❷ vorbei, eine der wenigen Einkehrmöglichkeiten auf unserer Route. Hinter dem Ort kann man beim Schild **Biberplattform** ❸ auf einem Pfad durch hohes Schilf das Sumpfgebiet betreten, auch wenn von der Aussichtsplattform, von der man wohl einst Biberbauten sehen konnte, nichts mehr übrig ist.

!

Ein großer Teil der Tour verläuft durch Wald, was besonders für Waldliebhaber ein besonderes Erlebnis ist. Leider hat man bei einem Teil der Forstwege die Oberfläche mit sehr grobem ***Schotter*** *erneuert, weshalb man sie nur mit dafür geeigneten Rädern befahren sollte.*

Waldweg im Hofstettner Forst

Wir fahren noch etwa 700 Meter, bis das schilfbewachsene Gebiet in grüne Wiese übergeht. Hier zweigt ein geschotterter Weg rechts ab, ausgeschildert mit **„Altmühlwanderweg 9"**. Etwa 7 Kilometer traumhaft schöner, abwechslungsreicher Mischwald liegen nun vor uns. Zu Beginn geht es kurz recht steil bergauf. Oben angekommen erreichen wir eine

Für die Seele

In grünen Tälern, kargen Heidelandschaften und schier endlosen Wäldern genießen wir Stille und Einsamkeit. An erfrischenden Kneippanlagen machen wir Pause.

Quellen an der Almosmühle

Kreuzung, an der wir links abbiegen. Bald führt der Weg wieder bergab in ein idyllisches Tal im Wald. Hier geht es weiter geradeaus, auch dort, wo das Tal nach links abknickt und unser Waldweg wieder ansteigt. Im weiteren Verlauf überqueren wir die **St 2336** und fahren auch danach stets geradeaus weiter.

Nach langer gerader Fahrt treffen wir schließlich auf eine Landstraße, auf der wir **Pfünz** und damit auch das Altmühltal erreichen. Wir fahren auf der Vorfahrtstraße durch den Ort, in dem links eine Straße

Mittelalterliche Brücke

abzweigt, über die man nach 400 Metern das **Römerkastell Vetoniana** ❹ erreicht, ein lohnenswerter Abstecher.

Am Ortsende von Pfünz fahren wir kurz vor einem Stoppschild nach links und folgen dem Radwegweiser Richtung **Kipfenberg,** um die **St 2230** zu unterqueren. Wenig später erreichen wir die Altmühl, die wir auf einer mittelalterlichen **Steinbogenbrücke** ❺ aus dem 15. Jahrhundert überqueren dürfen.

Hinter der Brücke biegen wir rechts ab auf eine kleine, kaum befahrene Landstraße. An der Kreuzung befindet sich ein Rastplatz, ebenso unten am Flussufer. Nach 600 Metern sehen wir links unter einem Felsen ein Wassertretbecken, das von den **Quellen an der Almosmühle** ❻ gespeist wird und auch im Sommer nie wärmer als 10 °C wird.

In **Inching** gibt es unten im Dorf an der Altmühl die **Gaststätte Fischerwirt** ❼**,** wo einfache Brotzeiten serviert werden. Nach 2,5 Kilometer Fahrt weiter geradeaus erreichen wir **Walting,** wo wir an der ersten Abzweigung rechts zu einer modernen und großzügig gestalteten **Kneippanlage** ❽ abbiegen, an der man wunderbar eine Rast einlegen kann. Am Ufer der Altmühl unter-

*Das **Kastell Vetoniana** wurde um 90 n. Chr. angelegt. Die ursprüngliche, mit Erdwällen und Holz erbaute Anlage wurde im 2. Jahrhundert durch Steinbauten ersetzt. 100 Jahre später wurde sie durch Alemannen zerstört. Die nördliche Toranlage und ein Teil der Mauer wurden rekonstruiert.*

halb eines Wehrs trifft man häufig auf Paddler, die hier ihre Boote zu Wasser lassen.

Zwischen Fluss und Kneippbecken folgen wir einem schmalen Pfad, über den wir auf eine Straße treffen und auf ihr über eine Brücke die Altmühl überqueren. Danach biegen wir sofort links ab, um auf dem Radweg entlang der **St 2230** weiterzufahren. Schon nach 300 Metern verlässt der Radweg die Landstraße wieder. Auf dem asphaltierten Weg, der durch das hier breiter werdende Altmühltal führt, erreichen wir den nächsten Ort **Pfalzpaint**. In der Dorfmitte biegen wir unter einer mächtigen, alten Linde links ab, überqueren wieder den Fluss und fahren rechts weiter. Auch hier kann man wieder eine Rast unter einem Nussbaum, auf hölzernen Sonnenliegen oder auf Steinblöcken am Flussufer einlegen.

Wir radeln weiter auf dem Altmühltal-Radweg. Die Berghänge auf der linken Talseite werden von Heideflächen überzogen, aus der Felsen, knorrige

Kanu auf der Altmühl

Burg Arnsberg

Kiefern und Wacholderbüsche herausragen, die bekannte **Gungoldinger Wacholderheide** ⑨. In Gungolding treffen wir auf die vorfahrtberechtigte St.-Marienstraße, an der links schräg gegenüber der historische **Landgasthof zum alten Wirt** ⑩ liegt. Um einen besseren Blick auf die Wacholderheide zu haben, sollten wir von hier einen Abstecher 600 Meter bergauf bis zum Parkplatz hinter der Kirche Mariä Himmelfahrt machen, von wo auch Fußwege in die Heide starten.

Wir fahren weiter auf dem Altmühltal-Radweg und nähern uns langsam unserem Ausgangsort **Arnsberg.** Die hinter dem Ort steil aufragenden Felsen mit der **Burg Arnsberg** bilden eine eindrucksvolle Kulisse. Nachdem wir ein letztes Mal die Altmühl über eine Brücke überquert haben, sind wir am Ziel angelangt. Am Parkplatz steht ein überdimensionierter Bilderrahmen mit einer Bank, auf der man sich mit der Burg im Hintergrund fotografieren lassen kann.

*Die **Gungoldinger Wacholderheide** entstand im Mittelalter durch Waldrodung und Viehbeweidung, wo sich Pflanzenarten des Trockenrasens ausbreiteten. Außer Wacholder finden wir hier auch wilde Rosen, Schlehen, Weißdorn und speziell hier auch drei Arten Enzian.*

Rapperszell
Rieshofen
Pfalzpaint
9 Gungoldinger Wacholderheide
10 Gungolding
Arnsberg
P
H
St 2230
El 21
El 15
Altmühl
Walting
8
St 2336
Schambach
El 10
Schambach
1
2
3
Lachengrund
7 Inching
6
5
St 2230
Pfünz
4
El 18

Alles auf einen Blick

WIE & WANN:
Großenteils geschotterte Forst- und Radwege, im Wald teilweise grob geschottert, asphaltierte Wege und kaum befahrene Straßen, einige Steigungen.
Am schönsten Frühling bis Herbst.

HIN & WEG:
Auto: Parkplatz Altmühlring, Altmühlring 9, 85110 Arnsberg (GPS: 48.92805, 11.37466)

Entspannung ✸✸✸✸✸
Genuss ✸✸✸✸✸
Romantik ✸✸✸✸✸

ÖPNV: Freizeitbus Linie 6010, Haltestelle Arnsberg Schule, verkehrt von Mai bis 3. Oktober an Wochenenden zwischen Regensburg und Dollnstein (www.naturpark-altmuehltal.de/freizeitbusse, Tel. (08 21) 5 02 15 15)

ESSEN & ENTSPANNEN:
Gasthof zur Linde ❷ Bachweg 2, 85110 Schambach,
Tel. (0 84 65) 9 41 50, www.linde-altmuehltal.de
Gaststätte Fischerwirt ❼ Martinstraße 5, 85137 Inching,
Tel. (0 84 26) 2 49, www.fischerwirt-inching.de
Landgasthof zum alten Wirt ❿ St.-Marienstraße 4, 85137 Gungolding,
Tel. (0 84 65) 17 35 30, www.zum-alten-wirt.com

ENTDECKEN & ERLEBEN:
Rastplatz mit Wassertretbecken ❶
Biberplattform ❸
Römerkastell Vetoniana ❹ Römerstraße, 85137 Pfünz, www.vetoniana.de
Steinbogenbrücke ❺
Quellen an der Almosmühle ❻
Kneippanlage ❽
Gungoldinger Wacholderheide ❾

Schloss Ellingen

Unsere Tour beginnt in Weißenburg. Am nördlichen Ende des Parkplatzes Richtung Stadtmauer verläuft ein Fuß- und Radweg entlang des Seeweihers, auf dem wir nach links in westlicher Richtung starten. Gleich an der ersten Querstraße fahren wir schräg rechts hinunter in den schmalen Park, der

Durchs Römerland

Rund um Weißenburg

sich an der gesamten südlichen **Stadtmauer** entlangzieht. Hautnah radeln wir an der beeindruckenden, bestens erhaltenen Stadtbefestigung mit ihren zahlreichen Türmen entlang. Dabei kreuzen wir eine weitere Querstraße, bevor wir am Ende des Geländes auf die **Südliche Ringstraße** geleitet werden. An der folgenden Kreuzung biegen wir scharf links ab in die **Gunzenhausener Straße.** Von schräg links gegenüber trifft die **Bahnhofstraße** auf die Kreuzung, über die man vom nahen Bahnhof kommt, wenn man mit dem Zug angereist ist. Kurz danach überqueren wir auf einer Brücke die Gleisanlage und biegen nach 200 Metern schräg links auf die **Emetzheimer Straße** ab.

Biegt man hier stattdessen rechts ab, kommt man zur Ausgrabungsstätte des **Kastells Biriciana** 1. Das nördliche Tor und angrenzende Mauerbereiche wurden in den 1990er-Jahren eindrucksvoll rekonstruiert. Nur 200 Meter westlich kann man die 1977 entdeckten Reste der **Römischen Thermen** 2 besichtigen. Sie zählen zu den am besten erhaltenen und bedeutendsten Thermenanlagen in Süddeutschland.

*Das **Kastell Biriciana** war der bedeutendste römische Truppenstandort in diesem Bereich des Limes. Sein Standort liegt etwa 5 Kilometer südlich des Grenzverlaufs. Bodenplatten deuten die Grundmauern an, die man bei Ausgrabungen seit dem 19. Jahrhundert gefunden hat.*

Durch die **Emetzheimer Straße** erreichen wir das Ortsende von Weißenburg und können dort auf einen Radweg neben der Straße wechseln. Wir radeln zunächst durch flaches Land, sehen aber schon in der Ferne einige Hügel den Horizont begrenzen. Der erste kleine Ort, den wir erreichen und schnell durchquert haben, ist **Holzingen.** Weiter geht es vorbei an Feldern, hinter denen rechts der Flüglinger Berg und links der Hungerberg und der Trommetsheimer Berg liegen, nach **Kattenhochstatt.** Wir fahren auf der wenig befahrenen Straße durch das nette kleine Dorf mit Blumengärten vor den Häusern und der Kirche in der Dorfmitte.

Stadtmauer Weißenburg

Am Ortsende macht die Straße eine Rechtskurve, an der wir geradeaus auf einen Feldweg Richtung **Trommetsheim** fahren. Der Weg führt uns durch Wiesen und Felder mit vereinzelten Bäumen am Wegesrand. Vor uns sehen wir die Hügelkette Hahnenkamm, die sich jenseits der Altmühl erstreckt. Am Rande von Trommetsheim stoßen wir auf eine Straße, über die wir nach rechts in die Ortsmitte fahren. Wir folgen weiter dem Verlauf der Vorfahrtstraße und biegen kurz vor den scheinbar letzten Häusern links ab in die **Lindenstraße.** An einer Kreuzung hinter den letzten Wohnhäusern nehmen wir den zweiten Weg schräg links, wo gleich eine Bank unter einer riesigen Linde zu einem Stopp einlädt. Wir genießen die Stille der uns umgebenden ländlichen Idylle, während wir die Bienen im Baum über uns fleißig summen hören.

Weiter geht es durch ländliche Idylle mit Wiesen, Feldern und immer wieder kleinen Bauerndörfern. Entlang einer Reihe alter, hoher Pappeln nähern wir uns **Alesheim.** Dort radeln wir an der ersten Kreuzung geradeaus weiter und treffen im Ort auf die **Weimersheimer Straße.** Gut 50 Meter links liegt der **Landgasthof Conrad ③,** der ab Donnerstag mittags und abends fränkische Gerichte serviert. Zur Fortsetzung unserer Tour biegen wir aber rechts und sofort wieder links in die **Fischergasse** ab. Nach 130 Metern fahren wir wieder rechts in den **Störzelbacher Weg,** an dessen Ende am Ortsrand wir an einer T-Kreuzung links abbiegen. Über diese Straße erreichen wir nach 1 Kilometer **Störzelbach,** an dessen Ende wir links Richtung **Brombachsee** abbiegen. Über ein kleines Sträßchen durch das Störzelbachtal kommen wir bald nach **Stopfenheim.**

Für die Seele

Durch ländliche Stille und über waldreiche Hügel, vorbei an römischen Mauern, barocker Grandezza und mittelalterlicher Pracht in historischen Gassen.

Hier fahren wir an der ersten Vorfahrtstraße rechts und treffen auf die **B 13,** die mitten durch den Ort führt. Wir biegen links auf die Bundestraße ab.

Nach knapp 100 Metern können wir einen Abstecher nach rechts machen, wo wir auf einen kleinen Kräutergarten treffen. Rechts daneben liegt das in Privatbesitz befindliche, barocke **Schloss Stopfenheim** ④, das 1719 auf den Grundmauern einer Wasserburg errichtet wurde.

Wir fahren auf der **B 13** noch ein paar Meter weiter, um die nächste Abzweigung nach schräg rechts in die **Webergasse** zu nehmen. An der nächsten Gabelung nehmen wir den linken Weg, der kurz darauf den Ort verlässt. Wir steuern nun direkt auf bewaldete Hügel zu, über die der römische Limes verläuft. Nach 800 Metern kommen wir an einem kleinen Wäldchen vorbei und treffen kurz danach wieder auf einen Waldrand, vor dem unser Weg links abknickt. Wir folgen dem Verlauf des Feldwegs entlang des Waldrands, bis er in den Wald hineinführt, wo wir auf den von links kommenden **Limes-Radweg** stoßen. Hier fahren wir geradeaus weiter und werden dem Fernradweg den Rest unserer Tour bis Weißenburg folgen. Wir genießen die Waldluft und die Stille, die wir ganz

Alesheim

Am Limes-Radweg

allein für uns haben, da sich kaum ein anderer Radfahrer hierher verirrt.

Kurz bevor unser Weg, nachdem er den Wald wieder verlassen hat, auf eine Landstraße stößt, biegen wir scharf rechts auf einen betonierten Feldweg ab. Bald erreichen wir den Waldrand, wo wir links auf dem Limes-Radweg in den Wald hineinfahren. Nach 700 Metern biegen wir an einer Kreuzung rechts ab und fahren direkt auf dem Grenzverlauf des **Limes** knapp 1 Kilometer Richtung Osten. Nach dem Wald knickt der Weg links ab und führt auf einen Feldweg, über den wir nach rechts gleich eine kleine Landstraße erreichen. Auf dieser fahren wir nach rechts hinunter wieder in den Wald.

Nach etwa 500 Metern sehen wir rechts des Wegs die Grundmauern eines **römischen Wachturms 5,** der uns zeigt, dass wir immer noch auf den Spuren des Limes sind. Kurz danach fahren wir durch **Dorsbrunn,** wo wir uns an einer Linde links halten und am Dorfrand links auf die Vorfahrtstraße abbiegen. Diese bringt uns weiter bergab nach **Walkerszell.** Hinter dem Weiler biegen

Grundmauern eines römischen Wachturms

wir rechts ab Richtung **Pleinfeld.** Auf der kleinen Straße fahren wir durch ein Tal, um nach 1 Kilometer bei einem Kruzifix rechts auf einen Feldweg abzubiegen. Kurz darauf sind wir wieder von Wald und Feldern umgeben und erklimmen einen kleinen Höhenzug. Oben treffen wir auf eine Vorfahrtstraße, auf die wir rechts abbiegen. Kurz darauf sausen wir bergab nach **Gündersbach,** wo wir an einer Linde die erste Linksabzweigung nehmen. Gleich an der nächsten Wegkreuzung fahren wir schräg links Richtung **Ellingen.**

Über eine kleine, kaum befahrene Landstraße radeln wir durch ein schönes Tal. Rechts oberhalb verläuft auf dem Bergrücken parallel der Limes. Plötzlich geht es recht steil hinunter in das quer verlaufende Tal der **Schwäbischen Rezat,** durch das die Bahnlinie Pleiningen – Treuchtlingen über Weißenburg führt, die wir hier unterqueren. Danach treffen wir auf einen von links kommenden Weg, auf dem wir weiter durch das stille, romantische Tal Richtung **Ellingen** fahren. Dabei kommen wir am Golfplatz Zollmühle vorbei, für den man sich kaum eine idyllischere Lage vorstellen kann.

Schließlich treffen wir auf eine vorfahrtberechtige Straße, auf der wir nach links die **B 2** unterqueren und ihr noch knapp 1 Kilometer weiter bis zu einem Stoppschild folgen. Hier biegen wir links ab auf die Schloßstraße. Nach 300 Metern stehen wir vor der beeindruckenden Barockfassade der **Residenz Ellingen 6**, dem größten barocken Schlossbau in Süddeutschland. Besichtigung nur mit Führung zu jeder vollen Stunde. Wir sollten uns noch Zeit nehmen, in die Stille des romantischen Schlossparks mit seinem alten Baumbestand einzutauchen. Den Zugang finden wir rechts der Hauptfassade.

In den Gebäuden gegenüber dem Hauptportal befindet sich seit 1690 die Schlossbrauerei mit dem **Fürst Carl Bräustüberl 7** und seinem Biergarten. Wir fahren weiter auf der Schloßstraße über den Schlossgraben bis zu einer Kreuzung mit dem prächtigen barocken **Rathaus.** Das Gebäude wurde ursprünglich 1761 als Sitz der „Obergerichtsverwalterei" des Deutschen Ordens gebaut. Sowohl die von hier nach Norden führende Pleinfelder Straße, als auch die nach Süden ver-

***Ellingen** war die Residenz des Landkomturs der Ballei Franken, der größten und reichsten der 13 Provinzen des Deutschen Ordens. Ab 1718 entstand der barocke Schlossbau des Architekten Franz Keller, 1815 wurde ein Teil klassizistisch umgestaltet.*

Schloss Ellingen

laufende Weißenburger Straße, auf der wir nun unsere Route fortsetzen, zieren zahlreiche schöne Barockhäuser. Das kleine **Ellingen** trägt nicht umsonst den Beinamen Perle des Barock. Am Ortsende steht als letztes Gebäude die barocke **Kirche St. Georg 8**. Mit dem Bau nach Plänen von Franz Joseph Roth wurde 1729 begonnen.

Wir verlassen Ellingen auf dem Radweg links der Straße, überqueren auf ihm die **B2** und können danach einen Abstecher zur **Silbermühle 9** machen. Der Abzweig ist durch den Osborne-Stier unübersehbar. Das Restaurant im schlossartigen Anwesen mit einmaligem Ambiente an der Rezat bietet andalusische Küche.

Wir fahren weiter auf dem Radweg über den Galgenberg nach **Weißenburg** hinein und müssen an der Jet-Tankstelle über eine Verkehrsinsel die Straßenseite wechseln. Die Straße gabelt sich schließlich vor der Altstadt am **Ellinger Tor**. Aufgrund der Einbahnstraßenregelung schieben wir die Räder durch das Stadttor bis zur Rosenstraße. Gegenüber lohnt die **Kirche St. Andreas 10** mit ihrem besonderen gotischen Innenraum unbedingt eine Besichtigung. Dem Chor der Kirche am Doktor-Martin-Luther-Platz liegen das **Römermuseum Weißenburg 11** mit der Tourist Information und das **Museumscafé Meyer** ⑫ mit integrierter Buchhandlung gegenüber. Ein wunderbarer Platz für eine Rast. Danach sollten wir uns Zeit nehmen, durch die vielen schmalen Gassen mit Kopfsteinpflaster und sanierten historischen Fassaden zu bummeln und die besondere Atmosphäre genießen.

Am Hof in Weißenburg

Folgen wir der Rosenstraße stadteinwärts, treffen wir auf die Westseite des **Rathauses.** Rechts davon schließt sich der Marktplatz an, dahinter die breite **Luitpoldstraße.** Sie war als Holzmarkt angelegt worden und wird gesäumt von stattlichen Bürgerhäusern und der gotischen Karmeliterkirche, die heute ein Kulturzentrum ist. Das **Gasthaus Goldener Stern** ⑬ von 1314 zählt zu den ältesten Bürgerhäusern der Stadt. Hier soll es die beste fränkische Küche weit und breit geben. Ganz im Osten der Altstadt in der Nähe des Seeweihers liegt das **Bräustüberl Zur Kanne** ⑭ ein weiteres sehr beliebtes Lokal. Der **Schwarze Bär** ⑮ südlich des Marktplatzes ist eine weitere empfehlenswerte Adresse für gutes Essen.

Wir fahren nun über den Marktplatz und die südlich anschließende Friedrich-Ebert-Straße. Wenn wir noch vor der Stadtmauer an der Alten Post rechts in die Bahnhofstraße abbiegen, erreichen wir den Bahnhof. Fahren wir stattdessen geradeaus weiter und biegen unmittelbar hinter der Stadtmauer links ab, erreichen wir gleich den Parkplatz, an dem wir die Tour gestartet haben.

*Das historische **Rathaus** steht als dreigeschossiges gotisches Gebäude aus Sandsteinquadern frei im Raum, symbolhaft für die herausragende Bedeutung der Freien Reichsstadt Weißenburg (1338–1803).*

Pfofeld
Rittern
WUG 2
Limes
Sankt Veit
Pleinfeld
Herrengraben
Walkerszeller Bach
Walkerszell
St 2222
Dorsbrunn
Gündersbach
Dornhausen
Theilenhofen
Vorderer Troppelgraben
Ottmarsfeld
Knöpfelbach
WUG 3
Tiefenbach
Wachstein
Hörlbach
Stopfenheim
Massenbach
Ellingen
Höttingen
St 2389
Gundelsheim
Weiboldshausen
Wachenhofen
Alesheim
Störzelbach
Felchbach
Schmalwiesen
Störzelbach
Weimersheim
WUG 18
Rohrbach
Altmühl
WUG 4
WUG 1
Schwäbische Rezat
Trommetsheim
Kattenhochstatt
Kehl
St 2230
WUG 5
Holzingen
Weißenburg in Bayern

Alles auf einen Blick

WIE & WANN:
Radwege, kaum befahrende Straßen, asphaltierte Feldwege und Forstwege, großenteils flach, einige Steigungen. Ganzjährig befahrbar, am schönsten von Frühling bis Sommer.

HIN & WEG:
Auto: Parkplatz Schulzentrum am Seeweiher, An der Hagenau, 91781 Weißenburg (GPS: 49.02696, 10.97438)

Entspannung ★★★☆☆
Genuss ★★★★★
Romantik ★★★☆☆

ÖPNV: Bf. Weißenburg (RB)

ESSEN & ENTSPANNEN:
Landgasthof Conrad ❸ Weimersheimer Straße 10, 91793 Alesheim, Tel. (0 91 46) 2 88, www.gasthaus-conrad.de
Fürst Carl Bräustüberl ❼ Schloßstraße 6, 91792 Ellingen, Tel. (0 91 41) 7 03 40, www.fuerst-carl.de
Silbermühle ❾ Silbermühle 4, 91781 Weißenburg, Tel. (0 91 41) 9 74 40 01, www.die-silbermuehle.de
Museumscafé Meyer ⓬ Doktor-Martin-Luther-Platz 1, 91781 Weißenburg, Tel. (0 91 41) 9 74 20 20
Gasthaus Goldener Stern ⓭ Luitpoldstraße 16, 91781 Weißenburg, Tel. (0 91 41) 25 59, www.schneider-bier.de
Bräustüberl Zur Kanne ⓮ Bachgasse 15, 91781 Weißenburg, Tel. (0 91 41) 38 44, www.zurkanne.de
Schwarzer Bär ⓯ Marktplatz 13, 91781 Weißenburg, Tel. (0 91 41) 9 24 26, www.derschwarzebaer.de

ENTDECKEN & ERLEBEN:
Kastell Biriciana ❶ Am Römerlager 16, 91781 Weißenburg, Tel. (0 91 41) 90 71 89, www.museen-weissenburg.de **Römische Thermen** ❷ Am Römerbad 17a, 91781 Weißenburg, Tel. (0 91 41) 90 71 27, www.museen-weissenburg.de
Schloss Stopfenheim ❹ **Römischer Wachturm** ❺ **Residenz Ellingen** ❻ Schloßstraße 9, 91792 Ellingen, Tel. (0 91 41) 97 47 90 **Kirche St. Georg** ❽ Weißenburger Straße 29, 91792 Ellingen, www.st-georg-ellingen.de **Kirche St. Andreas** ❿ Doktor-Martin-Luther-Platz 11, 91781 Weißenburg, www.st-andreaskirche.de **Römermuseum Weißenburg** ⓫ Doktor-Martin-Luther-Platz 3–5, 91781 Weißenburg, Tel. (0 91 41) 90 71 89, www.museen-weissenburg.de

Goldene Madonna vor dem Rathaus

An der Zufahrt zum **Großparkplatz** von **Riedenburg** befindet sich die Bushaltestelle für Linien- und Fahrradbusse an einem Pavillon mit öffentlicher Toilette. Am unteren Ende des Baus gibt es eine Fahrradstation, die außer Werkzeug und Luftpumpe auch eine E-Bike-Ladestation und abschließbare Boxen für ganze Fahr-

Zeit für Kirchen

Durchs Altmühl- und Schambachtal

Blick auf Riedenburg

räder bereithält. Hier führt auch der Altmühltal-Radweg vorbei, auf dem wir unsere Tour starten. Dazu folgen wir dem Uferweg Richtung Südosten, sodass wir gleich die **Stadtbrücke** über den Main-Donau-Kanal unterqueren und die **Uferpromenade** mit der Schiffsanlegestelle erreichen. Rechts liegt ein Eiscafé, dessen Terrasse man über eine Treppenanlage erreicht, über die man auch in die **Altstadt** kommt. Die Besichtigung heben wir uns für nach der Radtour auf und fahren deshalb erst mal weiter am Ufer entlang.

Am Ende der Uferpromenade erreichen wir in einem **Park** eine Weggabelung, an der man nach links zum 300 Meter entfernten **Kristallmuseum Riedenburg** ❶ kommt, das täglich geöffnet hat. Das Highlight des Museums ist die 8 Tonnen schwere größte Bergkristallgruppe der Welt. Wir nehmen an der Abzweigung aber den rechten Weg Richtung Fuchsgarten. Wir fahren noch genau 200 Meter durch den Park, biegen dann rechts ab (hier ist kein Wegweiser) und erreichen nach 50 Metern die Straße **An der Altmühl.**

Magerrasen und ***Wacholderheiden*** *sind als artenreiche Biotope typisch für das Altmühltal und seine Seitentäler. Auf dem verkarsteten Untergrund, der schnell austrocknet, können Pflanzen überleben, die Hitze ertragen und dem nährstoffarmen Boden angepasst sind.*

Direkt gegenüber sehen wir ein Andreaskreuz als Hinweis darauf, dass hier der **Schambachtal-Radweg** beginnt, der größtenteils auf der alten Trasse einer Bahnlinie verläuft, die 1904 eröffnet wurde und bis in die 1970er-Jahre von Ingolstadt nach Riedenburg führte. Gleich rechts sehen wir den zauberhaften **Fuchsgarten** ❷ durch die Hecke schimmern. Den Eingang zu dem außergewöhnlichen Biergarten, bei dem die Betonung auf „Garten" liegt, finden wir gleich rechts um die Ecke. Der Besitzer hat hier einen so romantischen Garten mit Sitzgruppen, Lauben, Pavillons, Rosen und Skulpturen angelegt, dass wir hier am liebsten gleich bleiben möchten.

Biergarten Fuchsgarten

Wir folgen dem weiteren Verlauf des Wegs, der mit Richtung **Altmannstein** ausgeschildert ist, rechts entlang des Schambachs. Wir überqueren die **Mühlstraße** und befinden uns ab hier auf der alten Bahntrasse, der wir bis hinter Altmannstein folgen werden. Hinter den letzten Häusern von Riedenburg weitet sich das Tal, und wir sehen links eine große **Wacholderheide** sich am Lintlberg hinaufziehen.

Nachdem wir an einem Stoppschild eine Straße überquert haben, taucht links von uns der idyllisch gelegene kleine Weiler Schambach auf, deutlich erkennbar an der **Wallfahrtskirche Mariä Heimsuchung** ③. Das Innere der durch ihre Lage wenig besuchten Kirche,

Für die Seele

Schlösser und Burgruinen, Mühlen und Industriedenkmäler begleiten unsere Fahrt durch Täler und Wälder. Wir nehmen uns Zeit für kleine besinnliche Auszeiten in historischen Dorfkirchen.

Wallfahrtskirche Mariä Heimsuchung

Bahntrassen-Radweg Schambachtal

FÜR
DIE
SEELE
Wohlfühltouren
DROSTE

WANDERN FÜR DIE SEELE

15

ENTSCHLEUNIGUNG DIREKT VOR DER HAUSTÜR

20 Wohlfühlwege

RE
DE
ENT
FUSS
RA

deren Wurzeln ins Mittelalter zurückreichen, wurde im 18. Jahrhundert barockisiert und 2013 aufwendig saniert.

Unser Radweg führt weiter am rechten Talrand entlang, der hier steil und felsig und von Wald bewachsen ist. Der Schambach schlängelt sich naturbelassen durch die grüne, mit Wiesen und Schilf bewachsene Talsohle. Schließlich erscheint vor uns das **Schloss Hexenagger,** das auf einem Berg über dem gleichnamigen Dorf liegt. Am Ortsrand müssen wir die Bahntrasse verlassen und aus Platzgründen auf der Straße fahren. Direkt unterhalb des Schlosses weist ein Wegweiser zur 50 Meter entfernten **Hammerschmiede Huber** ❹. Die von einem Wasserrad betriebene Schmiede ist ein Industriedenkmal, wie es schöner nicht sein könnte. Sie gehörte ursprünglich zum Schloss und wurde bereits im 15. Jahrhundert erstmals urkundlich erwähnt. Heute ist sie ein äußerst lebendiges Museum, wenn Herr Huber für seine Besucher gerne das Wasserrad anwirft und das glühende Eisen vom riesigen Schmiedehammer formen lässt. Am besten ist es, man kündigt seinen Besuch vorher telefonisch an.

Wir fahren weiter auf der Straße, die wir am Ortsende von Hexenagger nach rechts verlassen. Kurz danach radeln wir wieder auf der Bahntrasse weiter durch das Schambachtal. Den Weg begleiten Felsen, Wacholderheiden, und auch an einem Hopfenfeld kommen wir vorbei. Nach einigen Kilometern Fahrt sehen wir in der Ferne vor uns die **Ruine Burg Altmannstein,** die den **Markt Altmannstein** überragt. Dort treffen wir in der Ortsmitte auf die **Bahnhofstraße.** Hier befinden sich in unmittelbarer Nähe ein Bäcker und ein Metzger, um sich einen Imbiss zu holen oder für ein Picknick einzukaufen. Das nächste Lokal, das mittags geöffnet hat, erreichen wir erst nach 15 Kilometern Fahrt durch ländliche Abgeschiedenheit.

Bevor wir die Fahrt auf der Bahntrasse Richtung Beilngries fortsetzen, statten wir noch der **Heilig-Kreuz-**

Kirche ⑤, die wir links schon sehen können, einen Besuch ab. Man muss nicht religiös sein, um die stille Schönheit des Innenraums und vor allem des großen Kruzifixes im Chor auf sich wirken zu lassen. Das Werk stammt vom berühmten Rokoko-Bildschnitzer **Ignaz Günther,** der in Altmannstein geboren wurde und das Kruzifix 1764 der Kirche schenkte.

Wir fahren weiter auf der Bahntrasse, wo wir auf einen Edeka stoßen. Wer jetzt eine Abkühlung braucht, erreicht nach links ein kleines Freibad. Geradeaus weiter auf dem Radweg beschreibt dieser eine Linkskurve. Dort biegen wir unmittelbar hinter dem eingezäunten Gelände des neuen **Wertstoffhofs** rechts ab. Dann fahren wir auf der **Bahnhofstraße** nach links, um nach gut 100 Metern nach einem Wanderparkplatz rechts auf den Weg **Am Steinertal** abzubiegen. Auf einem Feldweg mit Grasstreifen in der Mitte verlassen wir das Schambachtal und fahren durch das stille, stets leicht ansteigende **Steiner Tal.** Schließlich stoßen wir auf einen asphaltierten Weg, dem wir links weiter

Schafshill

leicht bergauf folgen, bis wir **Schafshill** oben auf einem Hügel erreichen. An der Kreuzung bei der Kirche fahren wir geradeaus über den **Triftweg** und kreuzen eine Umgehungsstraße. Hier befinden wir uns auf dem Hügelkamm mit prächtiger Aussicht auf die Landschaft.

Gasthaus Zum Himmelreich

Wir folgen dem Verlauf der kleinen, asphaltierten Straße, die gleich rechts bergab und später wieder ansteigend bis zu einer T-Kreuzung führt. Hier biegen wir rechts ab und erreichen nach wenigen Metern **Thannhausen.** Wir durchqueren das winzige Dorf und biegen am Ortsrand rechts ab. Nun folgen wir der kleinen Straße, von der aus wir einen weiten Blick über die leicht hügelige Landschaft haben, bis sie uns durch einen Wald führt. Hier müssen wir leicht bergauf strampeln bis zu einer Starkstromtrasse. Danach fahren wir bergab und nähern uns einer Landstraße. Hier halten wir uns rechts bis zu einer T-Kreuzung, an der wir links nach **Thann** abbiegen.

*1155 gründeten Tempelherren am Altmühlmünsterbach ein **Kloster,** aus dem sie 1353 vertrieben wurden. Danach wurde es Johannitern übergeben, die bis 1803 hier lebten. Die romanische Johanniskirche wurde im 15. Jahrhundert gotisch umgestaltet und später barockisiert.*

Das Örtchen Thann durchqueren wir geradeaus und biegen danach an der ersten Abzweigung links ab auf eine einspurige Straße. Auf ihr geht es nun stets bergab, an einer Wacholderheide mit knorrigen Kiefern vorbei, wo sie dann in einen Wald eintaucht. Wir fahren weiter bergab entlang einer Lichtung und verlassen an deren Ende den asphaltieren Weg, um nach rechts auf einen Schotterweg abzuzweigen. Der führt uns tiefer in das bewaldete und immer enger werdende Tal. Irgendwo hier entspringt der **Altmühlmünsterbach,** der uns bis zum Ausgang des Tals rechts unter uns begleitet. Dort treffen wir auf die Kirche **St. Johann Baptist** 6 des ehemaligen Klosters Altmühlmünster, die hier an diesem abgeschiedenen Ort mit ihrem romanischen Turm geradezu zum Eintritt ruft.

Am Ende des Tals treffen wir auf eine Vorfahrtstraße und erreichen hier das **Altmühltal.** Wir biegen links nach **Deising** ab. Im Dorf treffen wir auf das **Gasthaus Zum Himmelreich** ⑦ mit einladendem Biergarten. Links von hier führt die **Zeller Straße** zur nahen spätmittelalterlichen **Kirche St. Nikolaus** ⑧ mit barockem Innenraum. Geradeaus weiter erreichen wir über die **Thanner Straße** die Brücke über den Main-Donau-Kanal. Kurz davor können wir einen kurzen Abstecher nach links zur **Schleuse 11** ⑨ des alten Ludwigskanals machen.

Von der Brücke aus haben wir einen schönen Blick auf einen mächtigen Felsen, auf dem die spärlichen Reste der **Burgruine Flügelsberg** ⑩ kaum zu erkennen sind. Hinter der Brücke macht die Straße eine Rechtskurve, an deren Ende wir die **St 2230** überqueren und

Riedenburg hat drei Burgen, die Burgruinen Tachenstein und Rabenstein und das Schloss Rosenburg. Über den ***Drei-Burgen-Steig*** *kann man sie zu Fuß auf einer zweistündigen Rundwanderung erklimmen. Tourstart ist an der Tourist-Information.*

Schleuse 11 des Ludwigskanals

auf den **Altmühltal-Radweg** stoßen, auf dem wir links abbiegen. Der Weg führt nun die nächsten Kilometer am Kanal und an kleinen Altarmen der Altmühl entlang, die hier nach dem Ausbau des Flusses zum Schifffahrtskanal erhalten geblieben sind. Die Altarme sind heute kleine, idyllische Naturschutzgebiete.

In der Nähe der Anlegestelle Eggersberg können wir hoch oben am Berg das **Schloss Eggersberg** (11) erkennen, das heute als Hotel und Restaurant eine fantastische Aussicht bietet. Schließlich treffen wir auf Station 13 des Archäologieparks Altmühltal mit dem Nachbau eines **Eisenzeitlichen Gehöfts.** Es zeigt, wie die Menschen im 8. bis 4. Jahrhundert vor unserer Zeitrechnung gelebt haben könnten. Wir fahren noch etwa 5 Kilometer am Kanal entlang, bis wir auf die **Schleuse Riedenburg** (12) treffen, über die wir an das andere Ufer wechseln und dort weiterfahren. Bald rückt das markante **Schloss Rosenburg** über der Altstadt von Riedenburg ins Blickfeld, von der wir nur noch etwa 1 Kilometer entfernt sind.

Nachbau eines Eisenzeitlichen Gehöfts

Um nun noch die Altstadt mit ihrem schönen Marktplatz, Geschäften und Lokalen zu besuchen, sollten wir beim Großparkplatz, wo wir gestartet sind, auf An der Altmühl links abbiegen und auf Höhe der Eisdiele rechts zum Marktplatz abbiegen. Im Rathaus befindet sich die Tourist-Information und rechts daneben das **Gasthaus & Hotel Schwan** (13) mit einem Außenbereich auf dem Marktplatz. Wer mehr noch Lust auf einen richtig schönen bayerischen Biergarten mit Hausmannskost und Bier in Bioqualität hat, dem sei der **Riedenburger Brauerei-Biergarten** (14) auf der anderen Kanalseite sehr empfohlen.

Das familiengeführte ***Riedenburger Brauhaus,*** *das 1756 gegründet wurde, stellte 1994 auf rein ökologisches Brauen um und ist somit die älteste Bio-Brauerei Bayerns. Sie hat 30 teils seltene Bio-Biersorten im Sortiment und braut auch für das Kloster Plankstetten.*

10
9
8
7
Deising
Gundlfing
Jachehause
St 2230
Zell
6
Altmühl-
münster
Oberhofen
Haidhof
Main-Donau-Kanal
Untereggersberg
12
11
Obereggersberg
Riedenburg
H
Harlanden
P
KEH 13
14
13
1
2
Thann
St 2231
KEH 1
3
Schambach
Thannhausen
Hattenhausen
Frauenberghausen
Schafshill
4
Hexenagger
Schamhaupten
EI 29
Berghausen
St 2232
Neuenhinzenhausen
Sollern
Tettenwang
St 2231
Sandersdorf
299
5
Altmannstein
EI 30
EI 32

Alles auf einen Blick

WIE & WANN:
Asphaltierte und fein geschotterte Radwege, geschotterte Forstwege, asphaltierte Wege und kaum befahrene Straßen. Einige Steigungen und Gefälle teils auf geschottertem Weg. Am schönsten von Frühling bis Herbst.

HIN & WEG:
Auto: Großparkplatz und Wohnmobilstellplatz, An der Altmühl/Austraße, 93339 Riedenburg (GPS: 48.9639, 11.68276)

Entspannung ★★★★☆
Genuss ★★★☆☆
Romantik ★★★★★

ÖPNV: Freizeitbus Linie 6010 Regensburg – Dollnstein über Riedenburg, Mai bis 3. Oktober an Wochenenden (www.naturpark-altmuehltal.de/freizeitbusse, Tel. (08 21) 5 02 15 15)

ESSEN & ENTSPANNEN:
Fuchsgarten ❷ An der Altmühl 18, 93339 Riedenburg, Tel. (0 94 42) 13 12, www.fuchsgarten.de
Gasthaus Zum Himmelreich ❼ Thanner Straße 1, 93339 Deising, Tel. (0 94 42) 12 15, www.gasthaus-himmelreich.de
Gasthaus & Hotel Schwan ⓭ Marktplatz 5, 93339 Riedenburg, Tel. (0 94 42) 12 72, www.schwan-riedenburg.de
Riedenburger Brauerei-Biergarten ⓮ Hammerweg 5a, 93339 Riedenburg, Tel. (0 94 42) 9 91 60, www.riedenburger.de

ENTDECKEN & ERLEBEN:
Kristallmuseum Riedenburg ❶ Bergkristallstraße 1, 93339 Riedenburg, Tel. (0 94 42) 9 00 30, www.kristallmuseum-riedenburg.de
Wallfahrtskirche Mariä Heimsuchung ❸
Hammerschmiede Huber ❹ Schambachweg 3, 93336 Hexenagger, Tel. (0 94 42) 13 86
Heilig-Kreuz-Kirche ❺ **St. Johann Baptist** ❻ **Kirche St. Nikolaus** ❽
Schleuse 11 ❾ **Burgruine Flügelsberg** ❿
Schloss Eggersberg ⓫ Obereggersberg 18, 93339 Riedenburg, Tel. (0 94 42) 9 18 70, www.schloss-eggersberg.eu
Schleuse Riedenburg ⓬

Brücke von Ornbau

- 42 Kilometer
- 70 Höhenmeter
- 5 Stunden
- Strecke

Wir haben für unsere heutige Streckentour geplant, von Gunzenhausen über den Altmühlsee, Ornbau und Wolframs-Eschenbach nach Ansbach zu fahren. In der schönen Residenzstadt gibt es viel anzuschauen und tolle Einkehrmöglichkeiten. Vom innenstadtnahen Bahnhof fahren wir danach entspannt in weniger

Stadt Land Fluss

Vom Altmühlsee nach Ansbach

Gunzenhausen

als 20 Minuten mit der stündlich verkehrenden Regionalbahn zurück nach Gunzenhausen.

Wer sich **Gunzenhausen** gleich vor der Radtour anschauen will, fährt am besten gegenüber der Ein- und Ausfahrt vom Parkplatz auf dem Rad- und Fußweg auf einer Brücke über die Altmühl und landet direkt in der Altstadt. Außer dem historischen Stadtbild bietet die Stadt auch gute Einkaufsmöglichkeiten. Die sehenswerte **Stadtkirche St. Marien** (1) steht auf dem Gelände eines römischen Kastells. In unmittelbarer Nähe

!

Wenn man mit der Bahn anreist, erreicht man den Radweg, indem man den Bahnhof Gunzenhausen nach rechts verlässt und an der Kreuzung Bahnhofstraße den schräg rechts gegenüber beginnenden Rad- und Fußweg nimmt. Nach knapp 200 Metern trifft man auf die Spitalstraße und biegt rechts ab.

Am Altmühlsee

bietet der **Färberturm** als Teil der ehemaligen Stadtbefestigung eine herrliche Aussicht. Der 33 Meter hohe **Blasturm** ist ein ehemaliges Stadttor und Wahrzeichen Gunzenhausens. Im **Hafner** ❷ und im **Café am Wehrgang** ❸ kann man auch mittags gut einkehren.

Um die Radtour nach Ansbach zu starten, verlassen wir den Parkplatz an der Zufahrt, wo wir links abbiegen und hinter der Brücke über die Altmühl gleich links in die **Spitalstraße** fahren. Nach dem Tunnel unter der Bahnlinie haben wir die Stadt verlassen und unterqueren wenig später die **B 466.** Nach wenigen Metern treffen wir links am **Altmühlsee** auf den Weg, der ihn umrundet. Wir nehmen den Weg nach rechts, der uns stets am Seeufer entlangführt.

Im **Seezentrum Schlungenhof** mit Sandstrand und Liegewiesen kann man im **Altmühlseecafé** ❹ eine Rast mit Blick auf den See einlegen. Ähnlich wie der Brombachsee ist der See ein gut besuchtes Freizeitzentrum zum Baden, Segeln, Surfen und Fahrradfahren. Rad- und Fußweg verlaufen hier großenteils getrennt. Rechts unterhalb des Deichs schlängelt sich die Altmühl entlang, die den See umrunden muss. Am nördlichen Ende des Sees gibt es eine Brücke zum **Naturschutzgebiet** ⑤ mit einem Rundweg und Beobachtungsturm, das man nur zu Fuß betreten darf. Ein wunderbarer Platz, um das turbulente Strandleben hinter sich zu lassen und die Stille dieses

Für die Seele

Im Land der Römer starten wir zu einer wunderbaren Landpartie mit Badestränden, durch historische Städte und durch Wald und Flur in eine prächtige Residenzstadt.

KraftWerk-Biergarten

Ortes auf sich wirken zu lassen, in dem zahlreiche Tierarten heimisch sind, die man in aller Ruhe beobachten kann.

300 Meter weiter biegen wir am Wehr an einem Zufluss zum Stausee links ab Richtung **Herrieden** und fahren weiter auf dem

Staudamm, bis wir schließlich auf eine Straße treffen und sie überqueren. Der Weg verläuft nun entlang dem **Altmühlzuleiter,** einem breiten Kanal, dem wir auf fast seiner gesamten Länge von 4 Kilometern folgen werden. Rechts von uns breitet sich eine weite Ebene aus, die von zahlreichen Bächen durchflossen wird. Mit etwas Glück sieht man Störche über die Wiesen und Äcker spazieren.

Bei **Mörsach** sehen wir am linken Ufer, wie sich Menschen an einem Sandstrand tummeln. Dazu gehört der **Biergarten Kraftwerk** 6. Dorthin gelangt man über eine Brücke. Nachdem wir nach langer Fahrt am Ufer eine Straße überquert haben, macht unser Weg eine Rechtskurve und mündet auf eine Straße am Rande von **Gern.** Wir fahren links und entdecken den Zugang zu einem richtigen Urlaubsparadies mit Sandstrand, Wiesen unter alten Bäumen und einer

Landschaft bei Ornbau

Altmühlbrücke Ornbau

grünen Insel im Wasser, das wie eine Fata Morgana vor uns auftaucht. Das Ganze kann man vom **Biergarten an der Insel** 7 aus beobachten.

Wir folgen der Straße noch ein Stück bis zum Ende der Parkplatzreihe und biegen dort auf einen geschotterten Weg Richtung **Ornbau** ab, dessen Silhouette schon hinter den Bäumen zu erkennen ist. Wir nähern uns der fünfbogigen **Brücke von Ornbau** 8 aus dem 17. Jahrhundert, die hier die Altmühl überspannt und vom Brückenheiligen Nepomuk bewacht wird. Bevor wir sie überqueren, machen wir erst mal ein Foto von der filmreifen Kulisse. Wir radeln durch das Stadttor zur **Kirche St. Jakobus.** Zu unserem Erstaunen stellen wir fest, dass nur der Turm und der Chor historisch und das Kirchenschiff modern sind. Ein Blick ins Innere begeistert, kaum zu glauben, wie geschickt der Architekt schon in den 1960er-Jahren hier den modernen Bau in die mittelalterliche Bausubstanz integriert hat.

Die Stadt ist übrigens noch komplett von einer Mauer umgeben. Da es hier leider keine Einkehrmöglichkeit mehr gibt, verlassen wir die kleine Stadt, die zu den kleinsten Bayerns zählt, durch das im Norden gelegene **Obere Stadttor** geradeaus durch die **Vorstadt.** Am Ortsende biegen wir nach der gotischen **Friedhofskirche St. Jobst** auf den Fränkischen Karpfen-Radweg rechts ab (dem wir bis Wolframs-Eschenbach folgen werden).

Wir fahren durch **Hirschlach** nach **Heglau,** wo wir links Richtung **Merkendorf** abbiegen. Schon vor der Stadt kommen wir an Kohlfeldern vorbei, wofür Merkendorf bekannt ist. Wir radeln geradeaus, bis wir auf die **B 13 Gunzenhausener Straße** stoßen. Hier biegen wir links und sofort wieder rechts auf die **Hauptstraße** ab, über die wir den historischen Ortskern erreichen. Vorbei am netten kleinen **Café Rosenrot** ⑨ überqueren wir den dreieckigen Marktplatz mit dem Rathaus, dem Heimatmuseum in der Zehntscheune und dem **Gasthaus Zur Krone** ⑩.

Am Ende der Hauptstraße stoßen wir auf die Ringstraße, biegen hier rechts ab und verlassen Merkendorf auf dem Radweg links der **St 2220.**

Stadtmauer Wolframs-Eschenbach

Kohlfeld bei Merkendorf

Wolframs-Eschenbach

Am Weiler **Gerbersdorf** müssen wir aufpassen, dass wir nicht eine Kurve nach links nehmen, sondern dem Weg rechts dicht an der Straße entlang weiter bis nach **Wolframs-Eschenbach** folgen. Dort biegen wir am Kreisverkehr links ab. Gleich erscheint hinter dem Stadtgraben die Stadtmauer, hinter der die Dächer der malerischen Altstadt herausschauen.

Gegenüber dem **Landhotel Gary** ⑪ mit Wirtshaus, Biergarten und Metzgerei führt die Hauptstraße über einen Graben durch das beeindruckende **Stadttor** in den Kern der Altstadt. Dort fahren wir an schönen Fachwerkhäusern vorbei und treffen auf das malerische Ensemble aus Liebfrauenkirche, Stadtschloss und **Alter Vogtei** ⑫, einem Hotel und Restaurant mit sehr guter, kreativer fränkischer Küche. Ein Spaziergang durch die Seitengassen ist in jedem Fall zu empfehlen, um das geschlossene Ortsbild auf sich wirken zu lassen.

Zur Weiterfahrt verlassen wir die Altstadt wieder durch dasselbe Stadttor, biegen rechts ab und folgen dem Straßenverlauf zunächst bergab. Nach 750 Metern fahren wir in einer Rechtskurve geradeaus auf eine schmale asphaltierte Straße. Die führt uns leicht ansteigend auf einen Hügel mit einigen Windkraft-

Wolframs-Eschenbach war Geburtsort des mittelhochdeutschen Dichters ***Wolfram von Eschenbach,*** *der hier um 1160/80 das Licht der Welt erblickte. Als Minnesänger verfasste er lyrische Dichtungen, von denen der „Parzival" sein berühmtester Versroman ist.*

Landstraße mit alter Mühle im Zandtbachtal

werken. Oben von der luftigen Höhe breitet sich vor uns Richtung Nordwesten ein Panorama mit zahllosen bewaldeten Hügeln aus. Direkt vor uns führt der Weg hinunter nach **Gotzendorf.** Am Ortsausgang fahren wir geradeaus auf einen asphaltierten Feldweg, der uns nun steil hinunter in das **Zandtbachtal** bringt. Unten angekommen, biegen wir nach der **Gotzenmühle** links ab und treffen auf eine kleine Landstraße ohne Mittelstreifen. Auf dieser fahren wir nach rechts und folgen ihr vorbei an der verwunschenen Erlenmühle noch genau 750 Meter, bis links ein Feldweg im rechten Winkel – leider ohne Markierung – abzweigt und kurz, aber steil zum **Klosterwald** hinaufführt. Wir folgen dem Verlauf des Wegs durch den Wald, nach dem er wieder talwärts führt, wir die **A 6** unterqueren und in **Boxbrunn** dem Radwegepfeil folgend rechts abbiegen.

Danach fahren wir am **Freibad Lichtenau** vorbei, bis wir im spitzen Winkel auf eine Vorfahrtstraße treffen.

Rechts hinter der Kreuzung liegt die **Festung Lichtenau** ⑬, die einen Abstecher lohnt. Hinter dem **Eiscafé – Pizzeria Antonio** biegen wir links ab in den Rutzendorfer Weg Richtung **Ansbach.** Am Ortsende biegen wir nach einer Linkskurve sofort rechts ab auf den Radweg entlang der **Fränkischen Rezat.** Dem folgen wir durch die Weiler **Rutzendorf und Steinbach.** Ab dort ist der Weg leider unkomfortabel geschottert und verläuft dicht an der Rezat. Nach etwa 2 Kilometern trifft der Weg auf eine Bahnlinie, an der er nun asphaltiert weiterführt und schließlich kurz

Hofgarten

Residenz Ansbach

hinter einer Kläranlage zwischen zwei Bahnlinien endet, die sich hier gabeln. Wir biegen rechts ab und gleich an der Ampel wieder links Richtung **Bahnhof,** wo wir durch ein Industriegebiet am Rande von Ansbach fahren.

Am Rathaus Ansbach

Zu unserer Rechten wird nach 1,5 Kilometern das Industriegebiet vom **Hofgarten** ⑭ abgelöst, einer sehenswerten, ausgedehnten barocken Gartenanlage mit Orangerie. Schon an der nächsten Kreuzung befindet sich links der **Bahnhof,** von dem wir die Rückfahrt nach Gunzenhausen antreten wollen. Rechts

Martin-Luther-Platz in Ansbach

Biergarten Gasthof zum Mohren

biegen wir ab, um in die Altstadt zu gelangen. Am Ende der Straße stehen wir vor der imposanten Residenz **Ansbach** ⑮. Kaum ein anderes Barockschloss in Deutschland konnte seinen ursprünglichen Zustand so gut bewahren. Eine Führung durch die Innenräume ist besonders lohnend. Nach rechts erreicht man von hier die Orangerie und den Hofgarten. In die andere Richtung verläuft die Promenade mit prächtigen Bauten zur Linken und der verwinkelten Altstadt zur Rechten. Die erkundet man am besten zu Fuß von der Residenz aus.

Am besten versorgt man sich in der **Tourist Information** mit einem Stadtplan für eine Stadtbesichtigung. Einkehrmöglichkeiten gibt es reichlich. Man kann in der Stadt noch entspannt shoppen, essen und trinken. Den schönsten Biergarten hat vermutlich das **Gasthaus zum Mohren** ⑯, der natürlich auch die Ansbacher Bratwurst auf der Speisekarte hat. Der letzte Zug fährt erst gegen 23 Uhr.

*Die **Ansbacher Bratwurst** ist eine besondere regionale Spezialität, die bereits 1430 urkundlich erwähnt wurde und deren erlaubte Zutaten im 15. und 16. Jahrhundert festgelegt wurden. Seit 2011 können Touristen an der „Ansbacher Bratwurstführung" teilnehmen.*

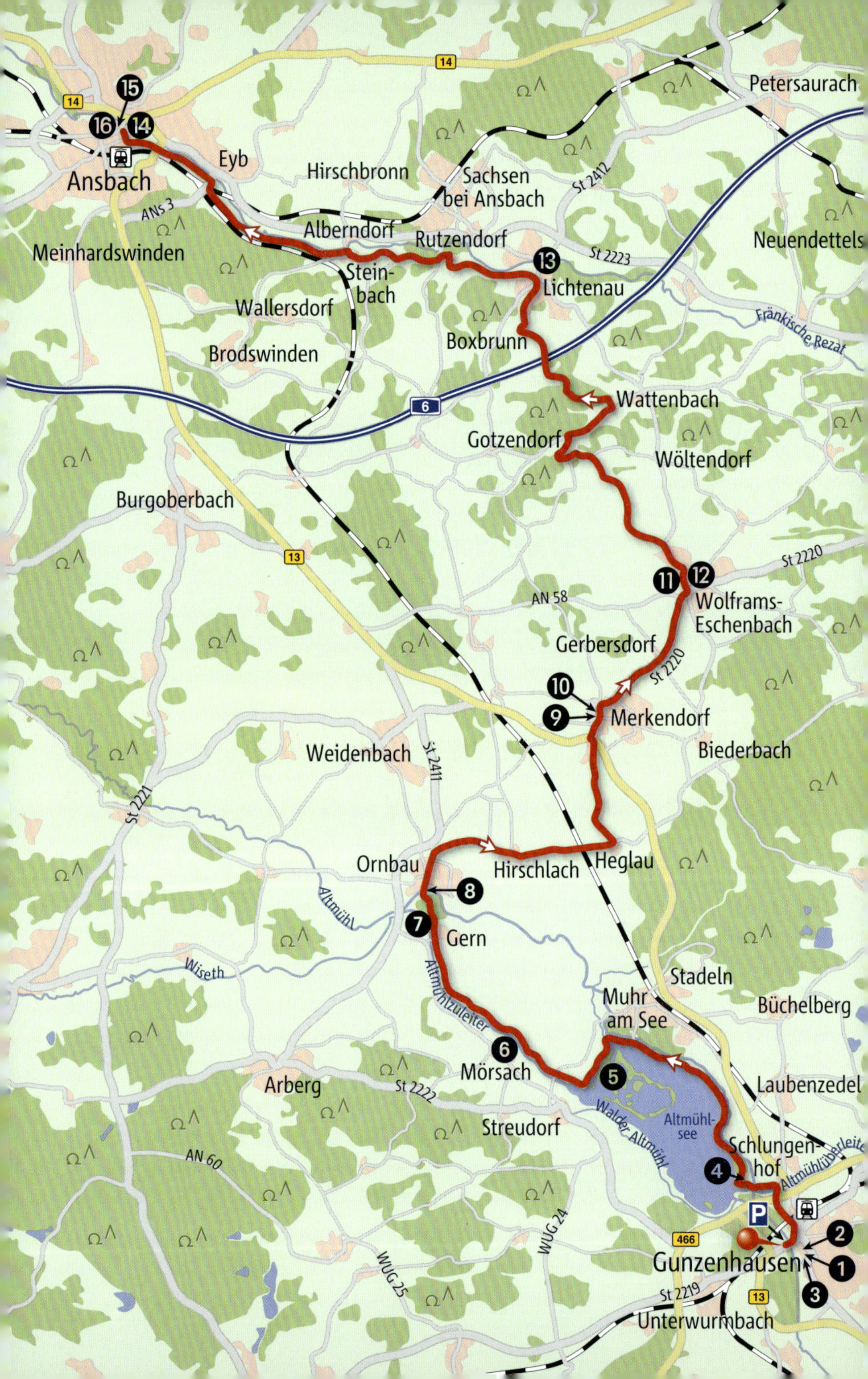
Ansbach
Eyb
Hirschbronn
Sachsen bei Ansbach
Petersaurach
Neuendettels
Alberndorf
Rutzendorf
Meinhardswinden
Stein-bach
Lichtenau
Wallersdorf
Brodswinden
Boxbrunn
Fränkische Rezat
Wattenbach
Gotzendorf
Wöltendorf
Burgoberbach
Wolframs-Eschenbach
Gerbersdorf
Merkendorf
Biederbach
Weidenbach
Ornbau
Hirschlach
Heglau
Altmühl
Gern
Wiseth
Altmühlzuleiter
Stadeln
Muhr am See
Büchelberg
Mörsach
Arberg
Laubenzedel
Streudorf
Walder Altmühl
Altmühlsee
Schlungenhof
Altmühlüberleiter
Gunzenhausen
Unterwurmbach
14
13
6
466
ANs 3
St 2412
St 2223
St 2220
AN 58
St 2411
St 2221
St 2222
AN 60
WUG 24
WUG 25
St 2219
P
1
2
3
4
5
6
7
8
9
10
11
12
13
14
15
16

Alles auf einen Blick

WIE & WANN:
Größtenteils Radwege, kaum befahrene Straßen und asphaltierte Wege, einige geschotterte Wege und einige Steigungen. Ganzjährig gut befahrbar, am schönsten von Frühling bis Herbst.

HIN & WEG:
Auto: Parkplatz Zentrum West, Oettinger Straße 7, 91710 Gunzenhausen (GPS: 49.11499, 10.74996)
ÖPNV: Bf. Gunzenhausen (RB)

Entspannung ★★★☆☆
Genuss ★★★★☆
Romantik ★★★★★

ESSEN & ENTSPANNEN:
Hafner ❷ Hafnermarkt 16, 91710 Gunzenhausen, Tel. (0 98 31) 8 90 94 61
Café am Wehrgang ❸ Weißenburger Straße 15, 91710 Gunzenhausen, Tel. (0 98 31) 20 81, www.cafeamwehrgang.de
Altmühlseecafé ❹ Seestraße 17, 91710 Gunzenhausen, Tel. (0 98 31) 8 83 67 77
Biergarten Kraftwerk ❻ Zum Wiesmet 2, 91722 Arberg, Tel. (0 98 31) 8 80 78 58, kraftwerk-biergarten.business.site
Biergarten an der Insel ❼ Am Anger 2, 91737 Ornbau, Tel. (0170) 5 25 89 36
Café Rosenrot ❾ Hauptstraße 20a, 91732 Merkendorf, Tel. (0 98 26) 65 56 89
Gasthaus Zur Krone ❿ Marktplatz 5, 91732 Merkendorf, Tel. (0 98 26) 79 07
Landhotel Gary ⓫ Richard-Wagner-Straße 2, 91639 Wolframs-Eschenbach, Tel. (0 98 75) 9 79 70, www.landhotel-gary.de
Alte Vogtei ⓬ Hauptstraße 21, 91639 Wolframs-Eschenbach, Tel. (0 98 75) 96 88 80, www.alte-vogtei.com
Gasthaus zum Mohren ⓰ Pfarrstraße 9, 91522 Ansbach, Tel. (09 81) 97 76 57 33, www.mohren-ansbach.de

ENTDECKEN & ERLEBEN:
Stadtkirche St. Marien ❶ Kirchenplatz 6, 91710 Gunzenhausen
Naturschutzgebiet ❺ **Brücke von Ornbau** ❽
Festung Lichtenau ⓭ Von-Heydeck-Straße, 91586 Lichtenau **Hofgarten** ⓮
Residenz Ansbach ⓯ Promenade 27, 91522 Ansbach, Tel. (09 81) 9 53 83 90

Alte Eichen

Vom Parkplatz am Festplatz von **Herrieden** fahren wir auf der von der Altmühl umflossenen Insel stadtauswärts und an der **Siechkapelle** vorbei auf dem Radweg rechts neben der Straße Richtung Süden. An einer rechts abzweigenden Straße geht es noch 50 Meter geradeaus und dann links auf den Feldweg .

Im Storchenland

Entlang der Oberen Altmühl

Storchenturm Herrieden

Wir fahren nun durch das breite und flache Tal der noch recht jungen Altmühl, deren Quellgebiet nur etwa 25 Kilometer entfernt liegt. Auf beiden Seiten sind in der Ferne bewaldete Hügel zu erkennen. In der Ebene sieht man nur freistehende Bäume und vereinzelte Bauernhöfe, umgeben von Feldern und Wiesen, auf denen immer wieder Störche, Kraniche und Krähen nach Futter suchen. Am Wegesrand kommen wir immer wieder an Marterln vorbei.

***Bildstöcke,** die in Bayern und Österreich Marterl heißen, sind Ausdruck von Volkfrömmigkeit und in Franken sehr verbreitet. Sie sind in Stein gemeißelte Bitt- und Dankgebete oder sollen zum Gebet anregen. Oft stehen sie nicht allein, sondern an Pflanzen und Bäumen.*

Unser Weg führt durch den Weiler **Winn,** in dem wir vor einem Feld auf eine T-Kreuzung treffen und links abbiegen. Kurz darauf treffen wir erneut auf eine T-Kreuzung bei einem Stoppschild, an dem wir links auf eine kleine Landstraße Richtung Thann abbiegen. Bevor wir den nächsten Ort erreichen, führt von links auf einem Weg der Altmühltal-Radweg heran und schließt sich uns an. Kurz vor Thann bildet eine Reihe hoher Bäume auf einer Straßenseite eine Halballee. In **Thann** nähert sich die Altmühl der Straße. Ab dem Ortsende fahren wir auf einem Radweg links neben der Straße weiter.

Die Radtour lässt sich gegebenenfalls verkürzen, indem man auf einem der das Tal querenden Wege oder Straßen auf den der Altmühl gegenüberliegenden, zurück führenden Radweg wechselt.

Am Ortseingang von **Weidendorf** biegen wir schräg links ab. Am nahen Ortsende tangieren wir wieder die Landstraße. Hier kann man unter einem goldenen Kruzifix an einer Linde auf einer Rastbank eine Pause einlegen. Wir halten uns weiter links und fahren in eine als Sackgasse gekennzeichnete Straße Richtung Großenried. Der Weg führt über eine frühere Landstraße auf eine neoromanische Kirche zu. Dahinter biegen wir links ab auf die **Kirchenallee,** auf der wir **Großenried** durchqueren. Dabei müssen wir um den Gasthof Goldener Engel, der nur abends geöffnet hat, einen kleinen Schlenker machen.

Ab dem Ortsausgang fahren wir wieder auf einem Radweg neben der Straße weiter. Links von uns windet sich die Altmühl durch Wiesen und Felder, erkennbar am Schilf, das sie umgibt. Zur Abwechslung führt der Weg nun ein Stück durch Wald. Vor Mörlach endet

Für die Seele

Ländliche Stille und Abgeschiedenheit begleiten uns auf den Wegen durch die grüne Ebene, in der wie eine Erscheinung in einem Märchen ein Schloss auftaucht.

der Radweg, und wir fahren der Vorfahrtstraße folgend durch das Dorf, wobei wir hier den Altmühltal-Radweg verlassen. Etwa 700 Meter hinter Mörlach überquert die Straße die Altmühl, und wir biegen an der nächsten Möglichkeit rechts nach **Oberndorf** ab. Im Ort halten wir uns rechts und folgen dem Schild Altmühl-Rundweg 7 durch eine Gasse, die beim letzten Haus in einen geschotterten Feldweg übergeht.

Dem Weg folgen wir über Wiesen und Felder, rechts mit etwas Abstand von der Altmühl begleitet. An einer Feldwegkreuzung fahren wir geradeaus und folgen weiter dem Altmühl-Rundweg 7. Nach 1,5 Kilometern stoßen wir an einer T-Kreuzung auf einen asphaltierten Feldweg. Hier fahren wir rechts und treffen auf die recht stark befahrene **St 2411,** die wir überqueren. Kurz danach kreuzen wir die Altmühl, die sich nur ein paar Meter rechts von uns gerade geteilt hat. Ein Teil ihres Wassers wurde nach rechts in den künstlich angelegten Altmühlzuleiter abgeleitet, der nach einigen Kilometern in den Altmühlsee mündet.

Altmühlbrücke mit Storchenturm Herrieden

Hinter der Brücke erreichen wir eine Abzweigung. Unsere Radroute führt hier links weiter. Nach rechts kommt man aber zur einzigen Einkehrmöglichkeit unserer ganzen Tour bis Herrieden, die auf jeden Fall einen Abstecher wert ist. Nur 500 Meter entfernt liegt an einem zauberhaften Badestrand am eben genannten Altmühlzuleiter, der alles andere als künstlich aussieht, der **Biergarten an der Insel** ①.

Innenansicht Kirche St. Jakobus

Wir setzen die Tour fort und sehen vor uns die fünfbogige **Brücke von Ornbau** ② mit dem Brückenheiligen Nepomuk aus dem 17. Jahrhundert, die hier wie ein Postkartenmotiv die Altmühl überspannt. Wir holpern über die Brücke mit dem mittelalterlichen Kopfsteinpflaster und durch das Untere Stadttor nach **Ornbau.** Dort steht die ungewöhnliche **Kirche St. Jakobus** ③ mit mittelalterlichem Turm und Chor, der offensichtlich das Mittelschiff abhandengekommen ist. Ein Blick ins Innere zeigt uns, wie geschickt ein Architekt schon in den 1960er-Jahren hier ein modernes Kirchenschiff in die mittelalterliche Bausubstanz integriert hat.

Die Altstadt ist noch von der Stadtmauer umgeben, von der noch drei Türme erhalten sind. Wir verlassen die kleine Altstadt von Ornbau, eine der kleinsten Städte Bayerns leider ohne gastronomisches Angebot, durch das **Obere Tor,** um dort scharf links abzubiegen. Ab hier befinden wir uns wieder auf dem Altmühltal-Radweg, fahren zunächst entlang der Stadtmauer und biegen nach 170 Metern rechts ab in **Am Kalkofen** und danach sofort wieder links. Wir fahren durch eine Wohnstraße und erreichen schließlich die Umfahrungsstraße St 2411, um sie zu überqueren.

Am Weiler Haag treffen wir an einer T-Kreuzung auf eine Straße, auf die wir nach rechts Richtung Ansbach abbiegen, womit wir den Altmühltal-Radweg wieder verlassen. Wir fahren auf der verkehrsarmen Straße etwa 1,4 Kilometer bis an den Rand eines Kiefernwäldchens, wo wir dem grünen Radwegepfeil folgend links auf eine einspurige Straße abbiegen. Wir radeln auf ihr bis zu einer Vorfahrtstraße, die wir Richtung Sommersdorf überqueren.

Am Ortsrand von **Sommersdorf** biegen wir rechts ab und nehmen den zweiten Weg links. Durch ein barockes Torhaus erreichen wir den großzügigen, von niedrigen Gebäuden umgebenen Wirtschaftshof, hinter dem sich wie in einem Märchen das **Schloss Sommersdorf** ④ aus einem Wassergraben erhebt. Hier ist alles wie früher: gepflegt, aber nicht totrestauriert, einfach märchenhaft. Die Wasserburg wurde 1208 erstmals urkundlich erwähnt. 1550 ging sie in den Besitz der Familie von Crailsheim über, die sie heute noch bewohnt. Größere bauliche Veränderungen gab es erst Ende des 19. Jahrhunderts, als auch die Zugbrücke durch eine Steinbrücke ersetzt wurde. Auch wenn das Schloss noch bewohnt ist und es keine Führungen für die Öffentlichkeit gibt, kann man das Schloss und die Familie ein wenig kennenlernen, wenn man hier eine der Ferienwohnungen in den historischen Mauern mietet.

Rinder auf der Weide

Die Schlosskirche, heute evangelische Pfarrkirche, können wir aber besuchen. Sie verbirgt sich links vom Schloss unter dem Fachwerkturm mit Zwiebelhaube. Erst 1923 wurde die

Schloss Sommersdorf

mittelalterliche Zehntscheune zur heutigen Kirche umgebaut.

Wir verlassen das Schlossgelände nach rechts und biegen links ab auf ein schmales Sträßchen nach **Winkel.** Bevor wir den Weiler erreichen, biegen wir an einer T-Kreuzung links ab. Am Ortsende von Winkel kreuzen wir einen Weg, an dem einige Bäume stehen. Hier verlief nach 1903 eine Bahnlinie, um die Gemeinden westlich und südlich von Ansbach an das Eisenbahnnetz anzuschließen. Nach Einstellung der Linie wurden die Gleise Anfang der 1970er-Jahre abgebaut. Heute ist von der Bahntrasse kaum noch etwas vorhanden, geschweige denn befahrbar.

*Der mittelalterliche Bau der **Stiftskirche** wurde Mitte 18. Jahrhundert vom Baumeister Gabriel de Gabrieli aus Eichstätt barock umgestaltet. Eine wahre Kostbarkeit ist die Elfenbeinschnitzerei im Hochaltar von 1770. 2010 wurde die Kirche zur päpstlichen Basilika erkoren.*

Nach gut 200 Metern stoßen wir in einer Kurve auf eine Vorfahrtstraße, auf der wir praktisch geradeaus auf dem begleitenden Radweg weiterfahren. Vor **Velden** endet der Radweg, und wir weichen auf die Straße aus. Im Ort biegen wir links ab nach **Leutenbuch** und hinter dem Ort wieder links dem Radwegepfeil folgend auf einen asphaltierten Feldweg. Wir steuern nun auf das riesige Gelände einer Möbelfabrik am Ortsrand von **Herrieden** zu, die flächenmäßig mindestens dreimal so groß ist wie die Altstadt.

Altstadt von Herrieden

Vorbei an der Fabrik treffen wir am Rande der Altstadt von **Herrieden** auf eine Vorfahrtstraße, auf die wir links abbiegen und dann nach 200 Metern auf dem **Marktplatz** ankommen. Von hier aus erreichen wir bequem alle Sehenswürdigkeiten und finden auch endlich schöne Einkehrmöglichkeiten zum Ausklang der Fahrt. Die mächtigen Doppeltürme der 1071 geweihten **Stiftskirche St. Vitus und St. Deocar** 5 beherrschen die Stadtansicht. Der helle und leichte barocke Innenraum ist äußerst sehenswert. Nördlich liegt die **Liebfrauenkirche** ⑥, die 1474 erbaut und im 19. Jahrhundert innen neugotisch umgestaltet wurde. 1705 wurde die heute noch erhaltene, wunderbare Holzdecke eingezogen. Südlich des Marktplatzes erhebt sich der **Storchenturm** ⑦, ein Torturm von 1340, der auch heute noch von einer Storchenfamilie bewohnt ist.

Stiftsbasilika in Herrieden

Die **Burg Herrieden** wurde 1686 zu einer Brauerei umgebaut, die bis 2000 existierte. Kürzlich wurden die Gebäude von der Stadt zu einer Kultur- und Eventlocation umgebaut, mit dem Biergarten am **Stadtschloss Herrieden** ⑧. Ein besonderes Lokal, wie schon der Name verrät und das man in keine Kategorie einordnen kann, liegt ganz in der Nähe: die **Genießerei Herrieden** ⑨. Eine ordentliche Speisekarte hat auch, wie wir finden, das **Landhotel Zur Sonne** ⑩ zu bieten. Gehobene fränkische Küche zu bezahlbaren Preisen bekommt man im **Gasthaus Limbacher** ⑪.

Wir verlassen die Altstadt vom Marktplatz Richtung Süden durch das Stadttor mit den Störchen, überqueren über eine alte Bogenbrücke die Altmühl, die direkt an der Stadtmauer vorbeiführt, und erreichen den Ausgangspunkt unserer Radtour.

Herrieden
Burgoberbach
Rauenzell
Nehdorf
Neuses
Roth
Weiherschneidbach
Leibelbach
Leidendorf
Leutenbuch
Velden
Dierersdorf
Winn
Lammelbach
Altmühl
Niederoberbach
Winkel
Kolmschneidbach
Kallert
Thann
Sommersdorf
Esbach
Weidenbach
Kaudorf
Reichenau
Weidendorf
Kleinried
Häuslingen
Großenried
Haag
Liebersdorf
Sachsbach
Deffersdorf
Mörlach
Oberndorf
Ornbau
Wieseth
Forndorf
Bechhofen an der Heide
Voggendorf
Gern
Altmühlzuleiter
St 2249
St 2248
St 2220
St 2221
St 2411
AN 54
AN 56
13

Alles auf einen Blick

WIE & WANN:

Größtenteils Radwege, kaum befahrende Straßen, asphaltierte Feldwege, keine nennenswerten Steigungen. Ganzjährig gut befahrbar, am schönsten von Frühling bis Herbst.

HIN & WEG:

Auto: Parkplatz P 2 Festplatz, 91567 Herrieden (GPS: 49.23146, 10.49614)
ÖPNV: kein Angebot

Entspannung ✸✸✸✸✸ (3 von 5)
Genuss ✸✸✸✸✸ (3 von 5)
Romantik ✸✸✸✸✸ (5 von 5)

ESSEN & ENTSPANNEN:

Biergarten an der Insel ❶ Am Anger 2, 91737 Ornbau, Tel. (01 70) 5 25 89 36
Biergarten am Stadtschloss Herrieden ❽ Vogteiplatz 8–10, 91567 Herrieden, Tel. (0 15 73) 9 41 71 60, www.schlossbiergarten-herrieden.de
Genießerei Herrieden ❾ Vogteiweg 2, 91567 Herrieden, Tel. (0 98 25) 92 36 56, www.geniesserei-herrieden.de
Landhotel Zur Sonne ❿ Vordere Gasse 5, 91567 Herrieden, Tel. (0 98 25) 9 24 60, www.sonne-herrieden.de
Gasthaus Limbacher ⓫ Vordere Gasse 34, 91567 Herrieden, Tel. (0 98 25) 53 73, www.gasthaus-limbacher.de

ENTDECKEN & ERLEBEN:

Brücke von Ornbau ❷
Kirche St. Jakobus ❸
Schloss Sommersdorf ❹
Stiftskirche St. Vitus und St. Deocar ❺
Liebfrauenkirche ❻
Storchenturm ❼

- 36 Kilometer
- 75 Höhenmeter
- 4 Stunden
- Rundtour

Kiefernwald bei Roth

Wir starten unsere Tour am **Bahnhof Roth,** der etwas außerhalb der Altstadt liegt, die wir später am Ende unserer Rundtour näher erkunden können. Südlich des Bahnhofsgebäudes zweigt in einem Linksbogen eine eingleisige Bahnlinie nach Hilpoltstein ab, an der der **P+R-Parkplatz** liegt. Etwa in der Mitte des Parkplatzes überquert der Radweg vom Bahnhof kommend das Bahngleis und führt danach weiter auf dem Kiefernweg parallel zur Hauptbahnstrecke Richtung Süden. Wir folgen dem Verlauf der Straße, die in den **Barnsdorfer Weg** übergeht. Am Ortsende fahren wir weiter auf einem geschotterten Forstweg zwischen der Bahntrasse und der Rednitz, die uns bis Georgensgmünd begleiten werden.

Wasser und Wald

Im Fränkischen Seenland

Nach guten 2 Kilometern nach dem Start und Fahrt durch das stille bewaldete **Rednitztal** wechselt der Weg auf die andere Seite der Bahnlinie, bis er nach etwa 600 Metern auf eine Straße stößt. Hier biegen wir links ab, unterqueren einen **Eisenbahnviadukt,** hinter dem wir sofort wieder rechts abbiegen. Über eine kaum befahrene, schmale Straße erreichen wir das kleine Dorf **Unterheckenhofen.** Am Ortsende müssen wir vor einem Handwerksbetrieb schräg links auf den Radweg Richtung **Bernlohe** abbiegen.

Über einen gepflasterten Weg durchqueren wir die grünen Wiesen des Rednitztals, um auf der linken, bewaldeten Talseite weiterzufahren, bis der Radweg auf die **Bernloher Hauptstraße** trifft. Wir halten uns

rechts und radeln ein kurzes Stück entlang der Straße auf dem Fuß- und Radweg, bis wir nach rechts geleitet werden. Nach 200 Metern treffen wir erneut auf die Bernloher Hauptstraße, der wir auf einem separaten Radweg weiter nach rechts folgen und wieder das Tal der Rednitz durchqueren.

Ab **Oberheckenhofen** verläuft der Radweg wieder auf der rechten Talseite parallel zur Landstraße nach **Georgensgmünd.** Er ist Teil des **Skulpturenwegs,** der zur Jahrtausendwende eröffnet wurde und von eindrucksvollen großen Kunstwerken gesäumt wird.

Am Ortsanfang von **Georgensgmünd** wechseln wir die Straßenseite des begleitenden Rother Wegs, indem wir den Radwegweisern in Richtung Brombachsee und Weißenburg folgen. Nach wenigen Metern fahren wir, wo die Straße nach rechts abknickt und die Bahnlinie unterquert, geradeaus weiter. Denselben Verlauf nimmt auch der Skulpturenweg. An der nächsten Abzweigung biegen wir hinter einer Industriehalle links ab Richtung Petersgmünd. Wir können hier aber auch dem Skulpturenweg geradeaus weiter folgen, der nach 200 Metern nach rechts die Bahnlinie unterquert und am Ufer der Fränkischen Rezat in die Ortsmitte von Georgensgmünd führt. Dort trifft man auch auf das historische Wasserrad, das sich am Flussufer dreht. Über die historische Brücke erreicht man das nette **Eiscafé Herzblut** (1) am gegenüberliegenden Ufer und den Marktplatz.

Georgensgmünd wird von den beiden ***Flüssen*** *Fränkische und Schwäbische Rezat durchflossen, die sich hier zur Rednitz vereinigen. Diese trifft bei Fürth auf die Pegnitz, wo beide Flüsse zur Regnitz werden, die schließlich in Bamberg in den Main mündet.*

Zurück auf unserer Radroute sehen wir vor uns den Kirchturm von **Petersgmünd** zwischen spitzen Dächern herausragen. Nach Überquerung der Rednitz geht es kurz steil bergauf. In Petersgmünd treffen wir auf den **Dorfring,** auf den wir links abbiegen und vor der Feuerwehr gleich wieder rechts fahren. Geradeaus verlassen wir auf der ansteigenden Straße den Ort und kommen an eine Gabelung, an der wir den linken der beiden geschotterten Wege weiterfahren. Wir folgen nun stets dem Verlauf des Forstwegs durch schönen Kiefernwald mit einigen Lichtungen, bis wir das Dörfchen **Wernsbach** erreichen.

In der Ortsmitte links des ehemaligen **Landgasthofs Wernsbach** überqueren wir die Hauptstraße. Vorbei an einigen schönen fränkischen Natursteinhäusern ver-

Für die Seele

Wenig befahrene Wege durch idyllische Flussauen und stille Wälder verbinden malerische Altstädte. Außergewöhnliche Museen lassen Vergangenes lebendig werden.

lassen wir den Ort und fahren auf dem Radweg links der Straße weiter in östlicher Richtung. Bald darauf überqueren wir die vierspurige Schnellstraße **B 2** und radeln weiter entlang der Landstraße durch ein großes von Kiefern dominiertes Waldgebiet bis **Wallesau.**

Am Ortsrand endet der separate Radweg, und wir durchqueren das zauberhafte Örtchen mit Blumengärten vor den Häusern auf der **Eckersmühlener Straße.** Am Ortsende folgen wir rechts den Wegweisern Richtung **Badeweiher,** den wir nach etwa 800 Metern erreichen. Hin-

ter dem See verstecken sich Zelte und Caravans im Kiefernwald des idyllisch gelegenen Campingplatzes.

Vorbei an der Einfahrt zum Campingplatz fahren wir über einen geschotterten Forstweg in den Wald, dessen Boden wie ein Teppich mit Heidelbeersträuchern bedeckt ist. Wir folgen lange dem Weg durch das ausgedehnte Waldgebiet, bis wir **Hofstetten** erreichen. Hier biegen wir hinter der am Ortsrand liegenden schönen mittelalterlichen **Kirche Mariä Verkündung** ❷ links ab Richtung **Bahnhof Hilpoltstein.**

Der Weg führt uns entlang dem Ortsrand von **Hofstetten.** Danach halten wir uns leicht rechts, bis wir über den Mühlenweg die Bahnhofstraße von **Hilpoltstein** erreichen. Dort treffen wir erwartungsgemäß auf den Bahnhof, von dem aus man in direkter Linie gegebenenfalls nach Roth zurückfahren könnte.

Kurz vor der Kreuzung mit dem Altstadtring fahren wir dem Radwegweiser folgend rechts hinunter Richtung **historische Altstadt.** Wir unterqueren die Umgehungsstraße und gelangen in einen Park, den wir an der nächsten Weggabelung nach rechts über den

Hilpoltstein, Brunnenmännlein
von 1560 vor der Residenz

Schleuse Eckersmühlen

Parkweg wieder verlassen. Gleich an der ersten Kreuzung fahren wir links über einen schmalen Weg zur Stadtmauer, über den wir die Marktstraße im alten Ortskern erreichen. Dort erwartet uns links das wunderschöne historische Ensemble aus Hotel zum Schwarzen Ross und **Gutmann zur Post** ③ mit Restaurant und einem Biergarten im romantischen Innenhof, in dem wir auch den Zugang zum **Museum Schwarzes Ross** ④ finden.

Vor dem historischen **Rathaus** gegenüber befindet sich eine E-Bike-Ladestation mit Schließfächern. Vis-a-vis dem Rathaus liegt die **Residenz Hilpoltstein** mit Tourist-Information, Bibliothek und Ausstellungsräumen. Sehenswert sind vor allem die Renaissance-Stuckdecken. Wer einen Blick auf die Dächer der Altstadt werfen will, dem sei der Aufstieg zur **Burgruine Hilpoltstein** empfohlen. Wem nach Eis gelüstet, der wird im **Eis-Center La Veneta** ⑤ fündig.

Das Museum der Stadt Hilpoltstein im Fachwerkbau des ehemaligen Brauereigasthauses ***Schwarzes Ross*** *zeigt eine interessante Sammlung zur Stadtgeschichte, die Reste der ältesten Brauerei Bayerns und ein verzweigtes Kellerlabyrinth aus dem frühen Mittelalter.*

Am Ende der Marktstraße biegen wir links ab und fahren die **Zwingerstraße** hinunter. Dort kommen wir an der **Osteria La Rosa** ⑥ mit netter, kleiner Terrasse und danach am **Gasthof Zum Hirschen** ⑦ vorbei, bevor wir den Altstadtring an einer Kreuzung mit Ampelanlage erreichen. Wir fahren geradeaus über die **Allersberger Straße** durch ein Gewerbegebiet stadtauswärts.

Nach knapp 1 Kilometer ab dem Ortsende erreichen wir auf einem separaten Radweg entlang der St 2225 die Brücke über den **Main-Donau-Kanal.** Wenn wir nach rechts blicken, sehen wir ein großes Wiesengelände am Kanal, das als Wohnmobilstellplatz und einmal jährlich als Austragungsort für die Challenge Roth dient, den weltweit größten Wettkampf auf der Triathlon-Langdistanz.

Am Ende der Brücke müssen wir dem Radweg Richtung **Rothsee** rechts hinunter folgen und die Staatsstraße unterqueren. Kurz darauf treffen wir auf eine Nebenstraße, biegen dort links ab und erreichen nach 70 Metern eine Abzweigung mit der Zufahrt nach rechts zum Parkplatz und **Badestrand am Rothsee 8**. Dort warten außer Liegewiesen am Seeufer ein Gasthaus mit Biergarten, SUP-Verleih und ein schöner Spazier- und Radweg entlang des fast 4 Kilometer langen Stausees.

Seit über 70 Jahren findet im Sommer in der beeindruckenden Kulisse der Hilpoltsteiner Burgruine ***Freilichttheater*** *statt. Die Laienschauspieler des Burgspiel-Ensembles bringen jedes Jahr von Mitte Juli bis Anfang August ein Drama oder eine Komödie auf die Bühne.*

Wir biegen an der Zufahrt in die entgegengesetzte Richtung nach links auf einen Weg ab, der uns zum Uferweg am Main-Donau-Kanal bringt. Dort fahren wir rechts am Wasser entlang Richtung **Schleuse Eckersmühlen.** Vor der Schleusenanlage werden wir auf eine Straße geleitet, die wir hinunterfahren, sodass wir den Kanal überqueren. An der Brücke können wir die Räder abstellen und die Treppe zu einer Besucherplattform hinaufsteigen. Hier wird deutlich, welch enormen Höhenunterschied die Schiffe hier bei der Schleusung überwinden müssen. Mit Glück können wir die Schleuse in Betrieb sehen, wie sie eines der riesigen Güterschiffe anhebt oder absenkt.

Biergarten Gasthaus Reitenspieß

Wir folgen dem weiteren Verlauf der kleinen, kaum befahrenen Straße zum Weiler **Haimpfarrich.** Dort halten wir uns vor der Bushaltestelle rechts in eine schmale Straße, in der das urige, alte **Gasthaus Reitenspieß** liegt mit einem schattigen, rustikalen Biergarten unter Linden.

An der nächsten Gabelung halten wir uns dem Radwegepfeil folgend rechts. Der geschotterte Weg führt uns in einen Kiefernwald mit einem Meer von Heidelbeersträuchern. Am Ende des Waldes treffen wir am Ortsrand von **Eckersmühlen** auf eine kleine Straße, die wir entgegen den Radwegweisern geradeaus in den gepflasterten **Haimpfarricher Weg** überqueren. An dessen Ende treffen wir auf die **Eckersmühlener Hauptstraße, die** uns weiter durch den Ort führt. Vor einer Brücke biegen wir rechts ab in die **Jahnstraße.** Am Ortsende verlassen wir den offiziellen Radweg und biegen links ab in die Sackgasse **Kupferhammer,** die uns wieder auf einem Forstweg in einen Kiefernwald führt.

*Eine Besichtigung des Museums **Historischer Eisenhammer Eckersmühlen** mit Herrenhaus, Dauerausstellung und vor allem einer Vorführung in der Hammerschmiede ist ein unvergessliches Erlebnis. Dafür sollte man sich zuvor anmelden, Tel. (0 91 71) 81 20 20.*

Nun geht es auf einem kurzen Stück asphaltiertem Weg bergab. Dort müssen wir bei einer Lichtung rechts auf den **Mühlenwanderweg** in den Wald hinein abbiegen, um zu unserem nächsten Etappenziel zu kommen. Bald schon hören wir das Rauschen des Flüsschens Roth, das beim **Historischen Eisenhammer Eckersmühlen** 9 über ein Wehr fließt, und sehen den Rauch der Esse aus dem Schornstein der Hammerschmiede aufsteigen. Das ganze Anwesen umfasst außer der noch funktionsfähigen Schmiede auch ein

Blaubeerensuche

Herrenhaus aus dem Jahr 1700. Museumsbesucher können hier ihr E-Bike laden.

Zur Fortsetzung unserer Tour verlassen wir das Gelände über die Zufahrt, die uns hinauf zur **St 2220** bringt. Wir überqueren diese und die eingleisige Bahnlinie und biegen dahinter rechts ab, um entlang der Gleise auf einem asphaltierten Feldweg weiterzufahren. Nach knapp 700 Metern überqueren wir am zweiten Übergang wieder das Gleis und die Staatsstraße Richtung **Hofstetten.** Wir kommen am **Gasthaus zur Linde** mit einfachem Biergarten vorbei, bevor wir das Flüsschen Roth überqueren. Nach der Brücke biegen wir beim Radwegweiser links ab, folgen dem Verlauf des Wegs durch **Hofstetten** und halten uns am Ortsende links Richtung **Roth.**

Historischer Eisenhammer, Hammerschmiede

An der nächsten Gabelung folgen wir wieder dem Radwegepfeil und fahren rechts in einen Kiefernwald. Hier haben sich zur Abwechslung Preiselbeersträucher auf dem Waldboden ausgebreitet. Nach knapp 2 Kilometern treffen wir auf eine kleine Landstraße, auf der wir mitten im Grünen das Ortsschild von **Roth** passieren. Danach unterqueren wir die Schnellstraße **B 2** und fahren an der nächsten Gabelung rechts Richtung Altstadt. Der Weg führt zunächst durch die Auen der Roth, bis wir links das **Fabrikmuseum Roth ⑩** entdecken. Das Museum der Leonischen Industrie bietet wieder ein Stück lebendige Industriegeschichte, in dem der Besucher demonstriert bekommt, wie auf Webstühlen aus feinsten metallenen Drähten Gewebe hergestellt werden.

Wir radeln vom Fabrikmuseum kurz leicht bergauf zur **Gartenstraße,** biegen rechts ab und fahren nach 100 Metern in einer Rechtskurve schräg links in die **Traubengasse.** Der Asiate **DAI Sushi Bar & Asian Fusion** ⑪ hat einen schönen Biergarten. Nun sind wir schon mitten in der **Altstadt.** Geradeaus weiter durch die Traubengasse erreichen wir den **Marktplatz,** an dem wir für eine kleine Besichtigung der Stadt die Räder abstellen können. Im **Goldenen Schwan** ⑫ kann man im Biergarten bürgerliche Küche genießen. Gehen oder fahren wir die verkehrsberuhigte **Hauptstraße** hinauf, kommen wir an der Kirche, dem Rathaus, einigen Geschäften und Einkehrmöglichkeiten vorbei zum **Schloss Ratibor** ⑬, dessen imposante historische Schauräume eine Besichtigung lohnen. Im Schlosshof befindet sich die **Tourist-Information.** **Rechts** neben dem Schloss kann man beim Italiener **Al Castello** ⑭ sehr gut einkehren.

Brunnenfigur im Park

Um nun zum Ausgangspunkt der Tour am Bahnhof zurückzukehren, fahren wir die Hauptstraße bis zur Kreuzung beim Schloss, dort geradeaus in die Münchener Straße und biegen nach 150 Metern rechts ab in die **Bleichstraße.** Schließlich gelangen wir durch die Rednitzauen direkt zum Bahnhof. Links davon liegt der P+R-Parkplatz.

Schloss Ratibor

Roth
Aurau
Rothaurach
Aurach
St 2220
Westring
St 2409
St 2237
Kiliansdorf
Belmbrach
Eichelburg
Main-Donau-Kanal
Rothsee
St 2225
RH 6
Barnsdorf
Rittersbach
Unterheckenhofen
St 2224
Rednitz
Untersteinbach an der Haide
Obersteinbach an der Haide
Oberheckenhofen
Eckersmühlen
RH 7
Haimpfarrich
Heuberg
St 2220
Wallersbach
Georgens-gmünd
Rother Weg
Petersgmünd
Wernsbach
Wallesau
RH 34
Hilpoltstein
St 2238
Hofstetten
Marquardsholz
St 2223
1
2
3
4
5
6
7
8
9
10
11
12
13
14

Alles auf einen Blick

WIE & WANN:

Größtenteils kaum befahrende Straßen, asphaltierte Wege und geschotterte Forstwege, wenig Steigungen. Ganzjährig gut befahrbar, am schönsten von Frühling bis Sommer.

HIN & WEG:

Auto: P+R-Parkplatz, Bahnhofstraße, 91154 Roth (GPS: 49.23994, 11.08269)
ÖPNV: Bf. Roth (RB), Rückfahrt mit RB möglich vom Bf. Hilpoltstein

ESSEN & ENTSPANNEN:

Eiscafé Herzblut ❶ Am Anger 2, 91166 Georgensgmünd, Tel. (0 91 72) 12 21
Gutmann zur Post ❸ Marktstraße 8, 91161 Hilpoltstein, Tel. (0 91 74) 4 79 50, www.gutmann-zur-post.de
Eis-Center La Veneta ❺ Christoph-Sturm-Straße 7, 91161 Hilpoltstein
Osteria La Rosa ❻ Zwingerstraße 1, 91161 Hilpoltstein, Tel. (0 91 74) 99 97 93, www.larosa-hip.de

Entspannung ✱✱✱✱✱
Genuss ✱✱✱✱✱
Romantik ✱✱✱✱✱

Gasthof Zum Hirschen ❼ Zwingerstraße 8, 91161 Hilpoltstein, Tel. (0 91 74) 12 05, www.gasthof-boegl.de
DAI Sushi Bar & Asian Fusion ⓫ Traubengasse 23, 91154 Roth, Tel. (0 91 71) 8 35 65 11
Goldener Schwan ⓬ Hauptstraße 48, 91154 Roth, Tel. (0 91 71) 89 23 01, www.schwan-roth.de
Al Castello ⓮ Hauptstraße 3, 91154 Roth, Tel. (0 91 71) 8 80 50, www.alcastello-roth.de

ENTDECKEN & ERLEBEN:

Kirche Mariä Verkündung ❷ **Museum Schwarzes Ross** ❹ Marktstraße 10, 91161 Hilpoltstein, Tel. (0 91 74) 97 85 07, www.hilpoltstein.de
Badestrand am Rothsee ❽ **Historischer Eisenhammer Eckersmühlen** ❾ Eisenhammer 1, 91154 Roth, Tel. (0 91 71) 81 20 20, www.eisenhammer-eckersmuehlen.de
Fabrikmuseum Roth ❿ Obere Mühle 4, 91154 Roth, Tel. (0 91 71) 6 05 64, www.fabrikmuseum-roth.de
Schloss Ratibor ⓭ Hauptstraße 1, 91154 Roth, Tel. (0 91 71) 84 85 32, www.schloss-ratibor.de

An der Anlauter in Enkering

Wir starten unsere Rundtour am **Bahnhof Kinding** im Altmühltal bzw. am dortigen Parkplatz, indem wir auf der Zufahrtstraße bis zum Stoppschild fahren und dort rechts auf die **Ilbinger Straße** Richtung **Kinding** abbiegen. Kurz darauf unterqueren wir die Autobahn A 9 und treffen auf einen Kreisverkehr. Hier überqueren wir zwei den Kreisel verlassende Straßen und biegen dann an der dritten Ausfahrt vor einem Gewerbegebiet Richtung Ortsmitte von **Kinding** rechts ab. Nach etwa 70 Metern biegt unser Radweg bei der Aral-Tankstelle links ab.

Wir sollten hier jedoch zuerst einen Abstecher geradeaus nach Kinding machen, wo im Zentrum der **Gasthof zum Krebs** ① und gegenüber der **Gasthof Krone** ②

Tälerrunde

Vom Anlauter- zum Altmühltal

Gasthof Krone in Kinding

Wehrkirche Kirchenburg

Gasthof zum Bräu

mit ihren Biergärten zur Einkehr locken. Kulturhistorisch äußerst sehenswert und fotogen ist die über den Ort wachende **Kirchenburg** ③, eine spätmittelalterliche Wehrkirchenanlage aus dem 14. Jahrhundert mit doppeltem Bering, Wehrgängen und drei Wehrtürmen. Das Innere der Kirche ist barockisiert.

Nach unserem Abstecher nach Kinding folgen wir wieder unserer Radroute, die von der Tankstelle aus zunächst Richtung **Titting** und **Greding** führt. Nach gut 400 Metern folgen wir dem Radweg, der an einer Gabelung rechts weiter verläuft, nicht mehr weiter. Um in das Anlautertal zu gelangen, überqueren wir hier die St 2228 und fahren auf dem gegenüberliegenden Rad- und Fußweg nach rechts, um kurz darauf zuerst die Autobahn und danach die ICE-Trasse zu unterqueren.

Wenig später müssen wir in **Enkering** auf der Hauptstraße weiterfahren, bis wir vor dem Gasthof **Zum Alten Wirt** ④ rechts abbiegen und die Anlauter überqueren. Gleich gegenüber liegt der schöne, alte **Gasthof zum Bräu** ⑤, vor dem wir nach links in die Sollacherstraße abbiegen. Links sehen wir die Pfarrkirche St. Ottmar aus dem 17. Jahrhundert am Fuß des Schellenbergs mit einer Wacholderheide. Kurz danach treffen zwei Wasserläufe der Anlauter und die Sollache sprudelnd aufeinander. Ein wunderbar erfrischender Platz für eine Rast auf der hier genau richtig stehenden Picknickbank. Wer mit Kindern unterwegs ist, findet ein paar Meter weiter einen sehr schönen, fantasievoll angelegten Wasserspielplatz mit einem richtigen Bachlauf.

Wir folgen der Sollacherstraße weiter, die hinter dem Ort in einen geschotterten Feldweg übergeht, auf dem wir weiter durch das ebene **Anlautertal** fahren. Den Verlauf des sich durch das Tal schlängelnden Flusses erkennen wir an den alten Weiden, die an seinem Ufer wachsen. Nachdem wir den Hof **Schlösselmühle** passiert haben, sehen wir links ein Gehöft mit dem **Festen Haus Eibwang** 6. Das massive alte Haus aus dem 16. Jahrhundert geht auf eine mittelalterliche Wasserburg zurück, deren Wassergraben noch zu erahnen ist. Unter Festen Häusern versteht man in der Burgenkunde

*Die mittelalterliche **Kirchenburg Kinding** ist sehr gut erhalten. Vor dem inneren Friedhof mit Ringmauer und drei Wehrtürmen liegt der ebenfalls ummauerte äußere Friedhof, der als Fluchtstätte für Vieh und Hab und Gut diente. Vom Wehrgang sind noch Schießscharten sichtbar.*

Für die Seele

Wir fahren durch stille und idyllische Täler, entdecken Spuren der alten Römer, und alte Mauern erzählen geheimnisvolle Geschichten längst vergangener Zeiten.

Festes Haus Eibwang

Jurahaus in Erlingshofen

Martinskirche Schafhausen

wehrhafte Wohngebäude. In einem neu erbauten Schuppen bieten ein Getränke- und ein Eisautomat Erfrischungen für Radler und Wanderer an.

Nach etwa 2 Kilometern erblicken wir auf der linken Talseite die hübsche, von einer Friedhofsmauer umgebene **Martinskirche Schafhausen** (7), die anstatt im Dorf inmitten grüner Wiesen steht. Wer mag, kann, am besten zu Fuß, einen Abstecher über einen schmalen Pfad dorthin machen.

Nach langer gemütlicher Fahrt durch das idyllische Tal erreichen wir schließlich **Erlingshofen.** Im Dorf hat das nette kleine **Gasthaus Rundeck** (8) auch tagsüber geöffnet. Direkt gegenüber bietet sich ein schön saniertes, altes Jurahaus mit üppiger Blumenpracht im alten Bauerngarten als Fotomotiv an. Davor plätschert munter ein kleiner Bach vorbei.

Wir radeln weiter auf der links abknickenden Hauptstraße und verlassen diese sofort schräg rechts bergauf Richtung Altdorf und Titting. Wir fahren den Radwegepfeilen folgend etwa 150 Meter relativ steil bergauf und biegen hinter den letzten Häusern links auf einen Feldweg ab. 300 Meter vor **Altdorf** erreichen wir wieder die Landstraße, auf der wir die Anlauter überqueren. Das Flusstal verläuft hier weiter nach rechts in nördlicher Richtung. Neben der Straße auf der anderen Talseite legen wir am **Blaubrunnen** 8, einer Karstquelle, einen kurzen Stopp ein. Hier startet auch ein kurzer, steiler Pfad zur **Burgruine Brunneck** 9. Die Mauerreste lassen zwar wenig romantische Gefühle aufkommen, aber der Ausblick von dort oben auf das Anlautertal ist durchaus lohnenswert.

Wir verlassen nun das Anlautertal und folgen dazu der Burgstraße noch 200 Meter, bevor wir an einer Abzweigung auf die **St 2336** Richtung **Gungolding** abbiegen, die uns auf eine Hochebene um Hirnstetten und Pfahldorf bringt. Dort werden wir dem Verlauf des Limes folgen und wieder das Altmühltal erreichen, um unsere Runde zu vollenden. Aber zunächst gilt es erst einmal rund 90 Meter Höhendifferenz zu meistern, was auf der gut asphaltierten und wenig befahrenen Landstraße gut zu meistern sein sollte, zumal die ansteigende Straße größtenteils durch schattigen Wald führt.

Altdorf im Anlautertal

Nachdem die Straße den Wald verlassen hat, radeln wir weiter durch leicht hügelige Landschaft mit Feldern und Wiesen Richtung Hirnstetten. Links der Straße werden wir, für das Auge hier kaum sichtbar, vom Verlauf des Limes begleitet. Wir werden ihm gleich noch näher kommen. Aber zunächst durchfahren wir auf der Hauptstraße **Hirnstetten.** Nach dem Ortsende beschreibt die Straße eine leichte Rechtskurve, in der wir an einem Marterl unter zwei Linden geradeaus auf einem geschotterten Weg weiterfahren. Er ist als Deutscher Limesradweg ausgeschildert, dem wir bis Kipfenberg folgen werden.

Radwegmarkierung

Wir fahren 1,4 Kilometer geradeaus und biegen dann an einer T-Kreuzung links ab. Nach gut 100 Metern treffen wir auf eine Wegkreuzung. Von hier erstreckt sich nach links eine Hecke, die exakt den Limesverlauf markiert, der im Volksmund **Teufelsmauer** ⑩ genannt wird. Hier biegen wir rechts ab und folgen auf dem betonierten Weg dem Limes, der wie mit dem Lineal gezogen schnurgerade nach Kipfenberg im Altmühltal verlief.

Nach 1 Kilometer biegen wir an einer T-Kreuzung rechts ab. Der Limes führt geradeaus weiter, was man hier noch recht gut erahnen kann. Wir folgen der Beschilderung des Limes-Radwegs in die Ortsmitte von **Pfahldorf,** wo das **Landhotel Geyer** ⑪ täglich auch mittags eine Einkehrmöglichkeit bietet. Wir radeln weiter auf dem Limes-Radweg, der links neben dem Hotel leicht bergauf Richtung Kipfenberg führt. Am Ortsende biegen wir rechts auf die Umfahrungsstraße ab, die wir nach 400 Metern beim Wegweiser Weltkulturerbe Limes wieder nach rechts verlassen.

Nach etwa 100 Metern wenden wir uns wieder nach links und fahren auf einen Wald zu, hinter dem wir an der nächsten Kreuzung links abbiegen. Nach 200 Metern erreichen wir wieder Waldrand, der hier exakt dem Limesverlauf entspricht. An der nächsten

*Der **Limes,** seit 2005 UNESCO-Weltkulturerbe, wurde zunächst als Palisade und später als Mauer im 2. Jahrhundert als römische Reichsgrenze errichtet und bestand bis ca. 260 n. Chr., dem Ende der römischen Herrschaft nördlich der Donau.*

Nachbau Limes-Palisadenzaun

Abzweigung nach 100 Metern fahren wir wieder rechts. Nun geht es auf einem Forstweg talwärts Richtung **Altmühltal.**

Schließlich erreichen wir einen rekonstruierten, hölzernen römischen **Wachturm ⑫.** In diesem Bereich kann man noch sehr gut die Reste des römischen Grenzwalls erkennen. Ein paar Meter Holzpalisaden wurden hier zur Anschauung rekonstruiert. Der Weg führt nun noch steiler über den Geländesporn des Pfahlbuck talwärts, sodass das Schieben der Räder auf den nächsten paar Hundert Metern empfohlen wird.

Ilbling

Nachdem wir **Kipfenberg** erreicht haben, biegen wir auf die **Pfahldorfer Straße** rechts ab. Von hier haben wir einen wunderbaren Blick auf die gegenüberliegende Talseite mit der malerischen Kulisse des Städtchens und seiner Kirche, über der die **Burg ⑬** wie aus einem Bilderbuch thront.

Vor der Brücke über die Altmühl biegen wir links ab und danach sofort wieder rechts auf den asphaltierten Radweg Richtung **Kinding.** Der Radweg führt leicht erhöht über der Talsohle des Altmühltals am linken Talhang entlang, der auf knapp 2 Kilometern auf einer ehemaligen Bahntrasse verläuft. Bei **Grösdorf** kann man rechts abbiegen, um einen Abstecher zum Gasthof **Zum blauen Hecht ⑭** zu machen.

Der Bahntrassenradweg endet schon bald danach mit einem leichten Schlenker nach rechts, wo wir auf einem asphaltierten Weg zunächst durch das Dorf **Ilbling** und danach noch gut 1 Kilometer weiterfahren. Nun steigt die Straße kurz an, um die Tunneleinfahrt der ICE-Trasse zu überqueren. Danach nehmen wir die nächste Abzweigung rechts Richtung **Bahnhof Kinding,** um zum Ausgangspunkt unserer Radtour zurückzukehren.

Blick auf Kipfenberg und Burg

Kinding
St 2227
Schwarzach
Erlingshofen
Enkering
Berletzhausen
Altdorf
Burgstraße
St 2336
St 2228
Ilblinger Straße
Anlauter
Schafhausen
Ilbling
St 2230
9
Hegelohe
Hirnstetten
El 2
El 21
Pfahldorf
Grösdorf
Sornhüll
Kipfenberg
St 2392
Böhming
Altmühl

Alles auf einen Blick

WIE & WANN:
Größtenteils kaum befahrene Straßen, asphaltierte und geschotterte Wege. Eine längere und wenige kleine Steigungen. Ganzjährig befahrbar, am schönsten von Frühling bis Sommer.

HIN & WEG:
Auto: P+R-Parkplatz Bahnhof Kinding (GPS: 48.99413, 11.37508)
ÖPNV: Bf. Kinding (RE)

ESSEN & ENTSPANNEN:
Gasthof zum Krebs ❶ Marktplatz 1, 85125 Kinding,
Tel. (0 84 67) 3 39, www.gasthof-zum-krebs.de
Gasthof Krone ❷ Marktplatz 14, 85125 Kinding,
Tel. (0 84 67) 80 10 30, www.krone-kinding.de
Zum Alten Wirt ❹ Hauptstraße 22, 85125 Kinding-Enkering,
Tel. (0 84 67) 2 43, www.zumaltenwirt-enkering.de

Entspannung ✱✱✱✱✱
Genuss ✱✱✱✱✱
Romantik ✱✱✱✱✱

Gasthof zum Bräu ❺ Rumburgstraße 1a, 85125 Kinding-Enkering,
Tel. (0 84 67) 85 00, www.hotel-zum-braeu.de
Gasthaus Rundeck ❽ Erlingshofen 24, 85125 Kinding-Erlingshofen,
Tel. (0 84 23) 4 88, www.gasthof-rundeck.de
Landhotel Geyer ⓫ Alte Hauptstraße 10, 85110 Kipfenberg-Pfahldorf,
Tel. (0 84 65) 1 73 06 30, www.landhotel-geyer.de
Zum blauen Hecht ⓮ Irlahüller Weg 2, 85110 Kipfenberg-Grösdorf,
Tel. (0 84 65) 10 66, www.zumblauenhecht.de

ENTDECKEN & ERLEBEN:
Kirchenburg ❸ **Festes Haus Eibwang** ❻
Martinskirche Schafhausen ❼ **Burgruine Brunneck** ❾
Teufelsmauer ❿ **Wachturm** ⓬
Burg Kipfenberg ⓭ Burgstraße 51, 85110 Kipfenberg, Tel. (0 84 65) 90 57 07,
www.bajuwaren-kipfenberg.de

- 29 Kilometer
- 35 Höhenmeter
- 3 Stunden
- Strecke

Felsen am Altmühl-Radweg

Wir starten unsere Tour in **Dollnstein** am Pkw-Parkplatz am nördlichen Ufer der Altmühl direkt an der Brücke. Wer per Bahn anreist, fährt die Bahnhofstraße hinunter, biegt vor der Bäckerei rechts ab in die Reichenaustraße und fährt bis zur Altmühlbrücke. Unmittelbar hinter der Brücke führt der Uferweg an einem Kanuverleih und dem danebenliegenden Biergarten des **Gasthofs zur Post** vorbei zur **Burg Dollnstein,** in der sich das **Altmühlzentrum** befindet. Es ist ein Museum, das sich der Geschichte des Ortes und der umgebenden Landschaft widmet. 2007 wurde im Fußboden der Burg ein Schatz mit fast 4.000 Silbermünzen entdeckt, der in einem der Räume ausgestellt ist.

Romantiktour

Durch das Mittlere Altmühltal

Wir fahren weiter auf dem Uferweg und folgen den Schildern Richtung **Solnhofen.** Wir werden auf dieser Tour bis Treuchtlingen der Route des **Altmühltal-Radwegs** mit seiner einheitlichen Wegmarkierung folgen. Wir unterqueren die Bahnlinie und fahren weiter zwischen Bahndamm und Fluss durch Wiesen und Felder, bis wir nach etwa 2 Kilometern an eine Kreuzung kommen und auf einem kleinen Sträßchen rechts fahren. Wir überqueren über einen Bahnübergang die Gleise und radeln links am Weiler **Hagenacker** vorbei. Danach steigt der Weg kurz an, um die Tunneleinfahrt der Bahnlinie zu überqueren, wonach es gleich wieder bergab geht.

Nun führt der Weg zwischen der Altmühl und einem steilen Berghang entlang, macht einen Knick nach rechts und erreicht vorbei an Felsen und Heide den idyllisch am Fluss gelegenen **Zeltplatz Hammermühle.** Ein Kiosk mit kleinem Biergarten mit Blick auf das Wasser, das hier über Felsblöcke hinabrauscht, lädt zu einer Pause ein.

Nach 500 Metern trifft unser Weg auf eine Vorfahrtstraße, vor der wir auf dem Radweg links abbiegen und kurz danach vor einem Kreisverkehr die Straße überqueren. Wir folgen dem Radweg neben der Straße durch **Altendorf.** Nach 150 Metern biegen wir an der nächsten Abzweigung rechts ab und tauchen ein in Naturidylle. Weit und breit sind nur Wasser, Wiesen und bewaldete Hügel zu sehen.

Nach etwa 2 Kilometern nähern wir uns wieder der Bahnlinie, die hier den Tunnel wieder verlässt,

Blick auf Dollnstein

Für die Seele

Ebene Wege durch einsame Flussauen, schattige Wälder und sonnige Wiesen führen uns vorbei an alten Burgen, gigantischen Felsen und durch malerische Orte.

unterqueren sie und fahren zwischen Bahntrasse und Altmühl bis zur nächsten Kreuzung. Hier führt eine Brücke hinüber zum Weiler **Eßlingen,** wo sich in einem alten Jurahaus der urige Gasthof **13. Apostel** (1) mit gemütlicher Stube und Kachelofen befindet. Hier bekommt man eine ordentliche Brotzeit und leckeren Kuchen. Den Namen werden wir gleich noch verstehen.

Wir folgen dem Radweg weiter, der hier eine Flussschleife abkürzt, und gelangen zu einem kleinen Rastplatz mit Infotafel und einer Liege. Von hier aus kann man wunderbar das landschaftliche Highlight des Altmühltals bewundern und auf sich wirken lassen. Am Steilhang hinter dem Fluss ragen die **12 Apos-**

tel ② auf, eine Gruppe von dicht beieinanderstehenden Felstürmen. Rechts der Reihe befindet sich das Gasthaus mit dem passenden Namen.

*Die **12 Apostel** sind Teil eines Riffs des tropischen Jurameeres, das im Oberjura vor 150 Millionen Jahren Süddeutschland bedeckte. Durch tektonische Verschiebungen wurde aus der Region vor 65 Millionen Jahren Festland und das Riff der Verwitterung preisgegeben.*

Wenige Hundert Meter weiter erreichen wir Solnhofen und dort zuerst unten am Wasser das **Kanuzentrum Aktivmühle** ③ mit Kanuverleih, Campingplatz und Biergarten mit Selbstbedienung. Wir beschließen, die Altmühl unbedingt auch aus der Perspektive der Paddler kennenzulernen. Kurz nach der Mühle überqueren wir an einem Bahnübergang die Eisenbahnlinie und kommen bald danach zum **Bürgermeister-Müller-Museum** ④ mit einer bedeutenden paläontologischen Sammlung. Weltruf erlangte das Museum durch den Besitz zweier Originale des in der Region gefundenen Urvogels Archaeopteryx.

An der nächsten Kreuzung liegt die **Sola-Basilika** ⑤, eines der ältesten Baudenkmäler Deutschlands. Man sieht Grundmauern und Reste von fünf übereinan-

Felsgruppe Zwölf Apostel

Sola-Basilika

derliegenden Kirchen seit dem 6. Jahrhundert. Bei Ausgrabungen entdeckte man Siedlungsspuren, die bis in die Mittelsteinzeit (ca. 8000 bis 500 v. Chr.) reichen, sowie Reste der keltischen und römischen Epoche.

Gleich nebenan wird das Solnhofener Klosterbrot gebacken, das man direkt gegenüber am anderen Flussufer im **Solnhofener Klosterbrot Museumscafé** 6 kaufen und im verträumten Cafégarten direkt am Ufer verzehren kann. Wir fahren die **Pappenheimer Straße** hinauf und biegen an der ersten Kreuzung schräg links in die Badstraße ab, die wieder hinunter zum Fluss führt.

Einige Hundert Meter weiter unterqueren wir zusammen mit der Altmühl die Bahnlinie, die wir im weiteren Verlauf erneut kreuzen. Kurz danach unterqueren wir eine moderne Straßenbrücke und fahren danach auf einer alten Brücke über die Altmühl. An der folgenden Gabelung halten wir uns rechts, um danach wieder auf das Flussufer zu treffen. Über den idyllischen Uferweg kommen wir langsam nach **Pappenheim,** wo wir auf eine Straße mit breitem Radweg treffen. An der nächsten Straße biegen wir rechts ab und sofort vor einer Tankstelle wieder links. Hinter ihr fahren wir gleich wieder rechts auf einen unscheinbaren schmalen Pfad. Der unterquert eine Straße, hinter der eine wunderschöne Lindenallee beginnt.

Die Redewendung „Daran erkenn' ich meine Pappenheimer" ist ein Zitat aus Schillers Drama ***„Wallensteins Tod",*** *das im Dreißigjährigen Krieg spielt und das Regiment des Grafen von Pappenheim meint, dem er seine Anerkennung ausdrückt.*

Rechts des Wegs kann man an der **Weidenkirche 7** einen Halt einlegen. Sie wurde 2007 von der evangelischen Jugend in Bayern gebaut und gepflanzt. Links oben auf dem Schlossberg sehen wir die **Burg Pappenheim 8.** Wenig später endet die Allee kurz vor der historischen Altstadt, wo ein schönes Freibad mit großen Schwimmbecken und tollen Rutschen inmitten großzügiger Liegewiesen zu einem erfrischenden Zwi-

Paddler mit Kanus

Allee in Pappenheim

schenaufenthalt einlädt. Der Einbahnstraßenregelung folgend biegen wir rechts ab und fahren über die Bauhofstraße und Graf-Carl-Straße am **Alten Schloss** und der evangelischen Stadtkirche St. Maria vorbei. Die gotische Kirche ist barock ausgestattet und hat eine großartige Grabsteinsammlung der Pappenheimer Grafenfamilie. Das Ende der Straße mündet in den Marktplatz mit dem Neuen Schloss. Rechts davon sollte man unbedingt einen Abstecher zur **Galluskirche** ⑨ machen, einem der ältesten Gotteshäuser Frankens aus dem 11. bis 13. Jahrhundert, das heute als Friedhofskirche dient.

Vom Marktplatz aus sollten wir noch die **Deisingerstraße** erkunden, die parallel zur Graf-Carl-Straße die eigentliche Hauptstraße darstellt. Dort findet man einige sehr alte Häuser wie den **Gasthof zur Sonne** ⑩ aus dem 16. Jahrhundert, in dem man gerne einkehren kann.

Wenn wir vom Marktplatz links des Neuen Schlosses die Tour durch die Klosterstraße fortsetzen,

kommen wir zuerst am charmanten **Kunst und Kaffee** ⑪ vorbei. Am oberen Ende der Klosterstraße befindet sich das **Augustinerkloster** ⑫, das düstere mittelalterliche Atmosphäre ausstrahlt. Wir fahren aber gleich nach dem Café die erste Gasse rechts, wo wir den Altmühlkanal überqueren und die Altstadt verlassen. Nachdem wir am Campingplatz vorbeigefahren sind, nehmen wir die erste Straße links, an deren Ende wir wieder links fahren und dem Verlauf des Wegs durch die Wiesenauen folgen.

Der Radweg führt uns weiter durch einen besonders idyllischen und stillen Abschnitt des Altmühltals, an dessen Ende wir **Dietfurt bei Treuchtlingen** erreichen. Wir halten uns an der T-Kreuzung links und überqueren gleich auf dem Radweg neben der **B 2** die Altmühl. Danach biegen wir sofort wieder rechts ab in die **Oberdorfstraße**, auf der wir uns immer rechts halten, bis wir den Ort verlassen und auf einer alten, autofreien Landstraße auf **Treuchtlingen** zusteuern.

Wir radeln etwa 1,5 Kilometer geradeaus und biegen an einem Klärwerk rechts in die **Kanalstraße** ab, die uns ins Zentrum von **Treuchtlingen** führt. Nach 500 Metern biegen wir rechts ab in die **Jahnstraße,** ausgeschildert mit Großparkplatz Stadthalle, und danach gleich wieder links. An der Markgrafenkirche fahren wir links vorbei und erreichen einen zentralen Platz an der **Hauptstraße.** Hier bieten sich gleich zwei Lokale zur Einkehr an, **Trattoria Mare e Monti** ⑬ und das **Café Lebenskunst** ⑭.

Etwas versteckt gegenüber hinter der Hauptstraße befinden sich das **Treuchtlinger Schloss** mit der Tourist Information und das interessante **Volkskundemuseum mit Anja´s Museumscafé.** Details stehen in der Beschreibung der Tour 2. Wir fahren die Hauptstraße nach links hinauf bis zu einem Platz, von dem beim **Restaurant Wallmüllerstuben Las Tapas** rechts die **Bahnhofstraße** abzweigt. An deren Ende erreichen wir den **Bahnhof,** von dem wir relativ schnell ohne Umsteigen nach Dollnstein zurückfahren können.

*Die **Rückfahrt** mit der modernen Regionalbahn ist sehr bequem und barrierefrei, da man in den beiden Bahnhöfen Aufzüge bzw. ebenerdigen Zugang zu den Bahnsteigen hat. Man muss aber beachten, dass man in Bayern auch ein Ticket für die Räder benötigt.*

Schloss Treuchtlingen

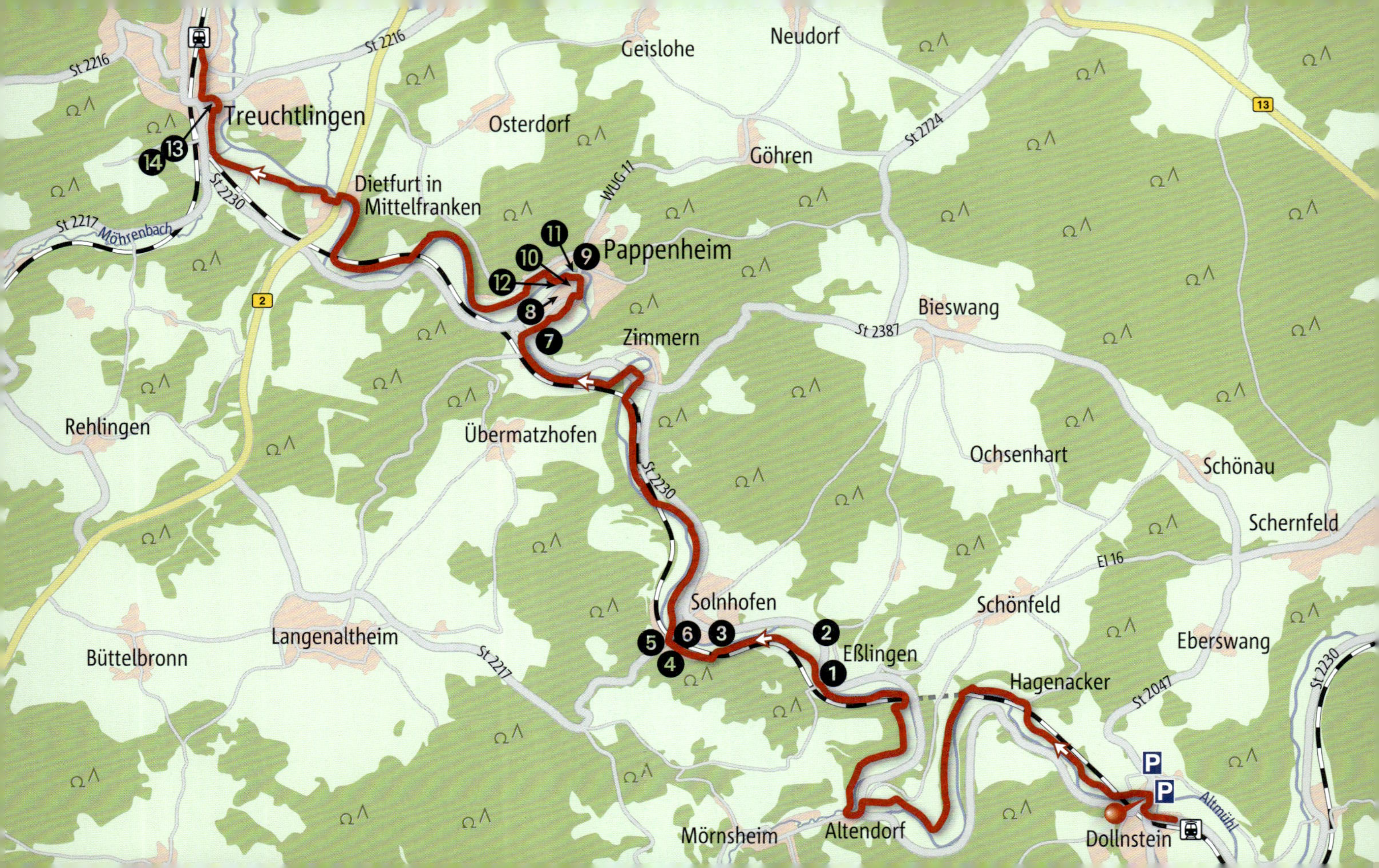

Treuchtlingen
Dietfurt in Mittelfranken
Pappenheim
Zimmern
Übermatzhofen
Solnhofen
Eßlingen
Hagenacker
Dollnstein
Altendorf
Mörnsheim
Geislohe
Neudorf
Osterdorf
Göhren
Bieswang
Ochsenhart
Schönau
Schernfeld
Schönfeld
Eberswang
Rehlingen
Langenaltheim
Büttelbronn
Möhrenbach
Altmühl
St 2216
St 2217
St 2230
St 2224
St 2387
St 2047
WUG 11
EI 16
2
13
P
1
2
3
4
5
6
7
8
9
10
11
12
13
14

Alles auf einen Blick

WIE & WANN:
Verlauf auf dem Altmühltal-Radweg, fein geschotterte oder asphaltierte Radwege, kaum befahrene Straßen, kaum Steigungen. Ganzjährig gut befahrbar, am schönsten von Frühling bis Herbst.

HIN & WEG:
Auto: Pkw-Parkplatz an der Brücke, Papst-Viktor-Straße 37, 91795 Dollnstein (GPS: 48.87496, 11.07461), alternativer Parkplatz auch für Wohnmobile am Friedhof (GPS: 48.87796, 11.07396)
ÖPNV: Bf. Dollnstein (RB), von dort mit dem Rad über die Bahnhofstraße und Reichenaustraße 700 Meter zur Altmühlbrücke im Ortskern. Rückfahrt mit der RB vom Bf. Treuchtlingen nach Dollnstein ohne Umsteigen.

ESSEN & ENTSPANNEN:
13. Apostel ❶ Eßlingen 1, 91807 Solnhofen, Tel. (0 9145) 83 67 60, www.dreizehnter-apostel.de

Entspannung ★★★★☆
Genuss ★★★★★
Romantik ★★★★☆

Kanuzentrum Aktivmühle ❸ Eßlinger Straße 3, 91807 Solnhofen, Tel. (0 91 45) 83 68 18, www.aktivmuehle.de
Solnhofener Klosterbrot Museumscafé ❻ Benediktstraße 15, 91807 Solnhofen, Tel. (0 91 45) 566, www.solnhofenerklosterbrot.de
Gasthof zur Sonne ❿ Deisingerstraße 20, 91788 Pappenheim, Tel. (0 91 43) 83 78 37, www.sonne-pappenheim.de
Kunst und Kaffee ⓫ Klosterstraße 4, 91788 Pappenheim, Tel. (01 72) 2 44 37 48, www.maritasartcafe.de
Trattoria Mare e Monti ⓭ Hauptstraße 26, 91757 Treuchtlingen, Tel. (0 91 42) 65 73
Café Lebenskunst ⓮ Marktgasse 2, 91757 Treuchtlingen, Tel. (0 91 42) 2 02 85 90, www.cafe-lebenskunst.de

ENTDECKEN & ERLEBEN:
12 Apostel ❷ **Bürgermeister-Müller-Museum** ❹ Bahnhofstraße 8, 91807 Solnhofen, Tel. (0 91 45) 83 20 30, www.museum-solnhofen.de **Sola-Basilika** ❺ Ferdinand-Arauner-Straße 6, 91807 Solnhofen **Weidenkirche** ❼ **Burg Pappenheim** ❽ **Galluskirche** ❾ **Augustinerkloster** ⓬

* 28 Kilometer
* 30 Höhenmeter
* 3 Stunden
* Rundtour

Badestrand Pleinfeld

Wo man die Runde um den Brombachsee startet, ist für die, die mit dem Auto anreisen, relativ egal, da es rund um den See viele Parkplätze in Ufernähe gibt und alle gebührenpflichtig sind. Für die Anreise mit der Bahn hingegen kommen nur zwei Orte infrage, von denen wir uns für Langlau entschieden haben, da der Bahnhof ohne nennenswerten Höhenunterschied nur 1 Kilometer vom Seeuferweg entfernt liegt.

Sowohl vom Parkplatz als auch vom Bahnhof erreichen wir den Brombachsee-Radweg über die Seestraße. Zwischen Strandhotel und Campingplatz treffen wir am **Hafen Langlau** (1) auf den Uferweg, auf den wir links abbiegen, um den See im Uhrzeigersinn zu umrunden. Vorbei am schönen Badestrand erreichen

Am Wasser entlang

Rund um den Brombachsee

Brombachsee

wir eine Landstraße, vor der sich der Radweg gabelt und wir geradeaus fahren und nicht den rechten Weg Richtung Altmühlsee nehmen. Neben der Straße überqueren wir nun den Altmühlüberleiter, einen Zufluss des Kleinen Brombachsees, wie sich der südwestliche Arm nennt, der vom Großen Brombachsee durch einen Damm getrennt ist.

Wakepark Brombachsee

Wir fahren noch 1 Kilometer weiter neben der Straße, wobei sich rechts neben uns der Kleine Brombachsee in voller Länge erstreckt. Unser Weg verlässt die Straße am Beginn der **Halbinsel Absberg** bei einem kleinen Jachthafen und führt weiter entlang dem bewaldeten Ufer, an dem sich unter den Bäumen ein schöner Sandstrand erstreckt. Der Weg knickt am Ende der Halbinsel links ab und führt direkt zum **Wakepark Brombachsee** ❷, wo man sich an einer Übungsanlage oder der 600 Meter langen großen Anlage austoben kann. In der am Sandstrand gelegenen Beachbar kann man bei einem Drink oder Hamburger den Wakeboardern dabei zuschauen, wie sie sich über das Wasser ziehen lassen und über die Schanzen springen.

Wir radeln weiter auf dem Radweg, der am Ende der Halbinsel an der anschließenden Bucht und dann am stillen Nordufer weiterführt. Oberhalb auf einem Hügel liegt der Markt **Absberg** mit dem gleichnamigen **Schloss** ❸. Der Ort hat mit dem **Dorfladen** ❹ eine Einkaufsmöglichkeit, die in den anderen Orten um den See nicht gegeben ist. Will man den Abstecher wagen, muss man den scharf links und steil hinaufführenden **Sommerkellerweg** nehmen. Die Anstrengung wird oben

*Der **Altmühlüberleiter** ist ein künstlich angelegter, 8,7 Kilometer langer Kanal, der Wasser aus dem Altmühlsee durch einen 2,7 Kilometer langen Stollen in den Brombach leitet, der in den Kleinen Brombachsee mündet. Der Bau erfolgte zwischen 1972 und 1981.*

auf jeden Fall mit einem wunderbaren Ausblick von einem **Aussichtspunkt** ⑤ auf den Kleinen Brombachsee belohnt.

Ein kleines Stück weiter am Uferweg treffen wir auf das **Restaurant Seeklause** ⑥, in dem man von der Terrasse aus einen schönen Blick auf das Wasser hat und einen guten Kaiserschmarren serviert bekommt. Von hier führt ein Damm mit einem Fuß- und Radweg zum anderen Ufer und trennt den Kleinen vom Großen Brombachsee.

Um unsere Tour fortzusetzen, folgen wir dem Schild Uferradweg, kommen an einem breiten Sandstrand vorbei und halten uns vor der Schiffsanlegestelle links. Wir tauchen in einen Kiefernwald und seinen mediterranen Pinienduft ein. Nach 700 Metern

Für die Seele

Durch die Bäume am Ufer glitzert die Sonne im Wasser, kleine Buchten und goldgelbe Sandstrände laden zum Baden ein, Strandbars zum Verweilen.

Strandbar Seeklause

stoßen wir wieder auf einen Damm, der die blauen Wasser des Großen Brombachsees und des Igelsbachsees trennt. Wir biegen aber vorher links ab, um den stillen und schmalen Igelsbachsee als Teil unserer großen Rundtour zu umrunden. Seine Ufer sind weitgehend naturbelassen. Auf dem Wasser treiben nur einige Ruderboote mit Anglern. Obwohl der Staudamm erst 1985 vollendet wurde, fügt sich der See so harmonisch zwischen Wäldern und Hügeln in die Landschaft ein, als sei er schon immer hier gewesen.

*Die beiden Dämme, die den Kleinen Brombachsee und den Igelsbachsee vom Großen Brombachsee trennen, kann man bewusst zur **Abkürzung** der großen Runde nutzen oder auch, um nur einen oder zwei der Seen auf entsprechend kurzen Touren zu umrunden.*

Der Weg führt uns zunächst durch Wald und dann zwischen Feldern und dem See immer am Ufer kleiner Buchten entlang. Wir treffen auf eine Straße, vor der wir rechts abbiegen und neben der Straße auf einem Deich einen Seitenarm des Igelsbachsees überqueren. Danach biegen wir wieder rechts ab und fahren weiter am Ufer entlang, wo wir an der nächsten Weggabelung das äußerste Ende des Sees erreicht haben. Wir machen einen Bogen um die letzte Bucht und tauchen bald in einen Wald ein, wo der Weg kurzzeitig ansteigt.

Abenteuerwald Enderndorf

Bald erreichen wir wieder das Seeufer und dort auch gleich einen feinen Sandstrand und das dazu passende **Strandhaus Sand & Sofa** (7), eine wunderschöne Strandbar, die viel Urlaubsatmosphäre verströmt. Das nördliche Ende des Staudamms markiert hier das Ende des Igelsbachsees. Vom Strandhaus führt eine Straße den Berg hinauf, über die man nach 400 Metern den Eingang zum **Abenteuerwald Enderndorf** (8) erreicht. Hierbei handelt es sich um einen Kletterwald, wo man zum Schluss mit einer Zipline auf 560 Metern Länge und 36 Metern Höhenunterschied quer über den Igelsbachsee sausen kann.

Wir radeln weiter am Ufer entlang durch das **Seezentrum von Enderndorf,** das an Infrastruktur alles zu bieten hat, was das Urlauberherz begehrt, wie Badestrand mit Liegewiesen, Beachvolleyballfelder, Fahrradvermietung, Segelhafen, Grill- und Spielplatz. Wer Lust hat auf gutes Essen oder auch nur Kaffee und Kuchen, dem sei das **Café Restaurant Zum Hochreiter** 9 gleich oberhalb des Strandlebens empfohlen. Von der Terrasse kann man den weiten Blick auf den See und die umgebende Landschaft genießen.

Auf einem gut asphaltierten, auch für Inlineskater freigegebenen Radweg parallel zum Fußweg fahren wir nun weiter durch lichten Kiefernwald immer am Seeufer entlang. In kleinen Buchten stehen immer wieder Bänke, wo man in Ruhe den Blick auf das Wasser genießen kann. Das ganze Ufer entlang zieht sich

Nachdem das Adelsgeschlecht der Absberger ausgestorben war, ist deren ***Burg*** *in den Besitz des Deutschordens übergegangen, der hier 1723–1726 von Franz Keller ein Barockschloss errichten ließ, der auch Architekt der Residenz Ellingen war.*

ein schmaler Sandstrand. Schließlich überqueren wir auf einer Brücke einen schmalen Seitenarm mit Bäumen, deren Äste sich über das Wasser neigen und an kanadische Wildnis erinnern.

Hinter der Brücke führt der Radweg an einem recht steilen Berghang entlang und danach als geschotterter Weg weiter. Schließlich lichtet sich der Wald, und wir erreichen einen Uferbereich, an dem sich Wind- und Kitesurfer tummeln. Dem schließt sich das **Seezentrum Allmannsdorf** ⑩ mit bester Infrastruktur für Freizeit- und Wasservergnügen an. Hier hat auch **Sand & Sofa** ⑪, das wir schon vom Enderndorfer Strand kennen, eine Dependance.

Am Ende des Sees, das von einem mächtigen, 1 Kilometer langen Damm gebildet wird, biegen wir rechts ab und fahren über die Deichkrone. Nach links bietet sich aus 40 Metern Höhe ein wunderbarer Blick

Café Restaurant Zum Hochreiter

Blick auf Ramsberg

auf die Wildnis unterhalb des Staudamms mit Wald und den kleinen Seen Mandlesweiher und Heiligenwaldsee. Am Ende des Damms hat man Infotafeln aufgestellt, die uns über den Aufbau des Bauwerks aufklären. Ausführlicher kann man sich auch multimedial auf 300 Quadratmetern im **Infozentrum Mandlesmühle** ⑫ unterhalb des Staudamms informieren.

Am Ende des Staudamms biegen wir erneut rechts ab, um dem Radrundweg weiter zu folgen. Hier trennen sich wieder Rad- und Fußgängerweg und führen am Wassersportzentrum vorbei durch Wald am Seeufer entlang. Kurz darauf kommen wir zum ruhig gelegenen **Badestrand Pleinfeld** ⑬ mit SUP-, Fahrradverleih und Cafeteria. Der Kiefernwald zieht sich hinunter bis zum Sandstrand, ein herrlicher Abschnitt, wenn es nicht zu voll ist.

Unser Weg schlängelt sich weiter durch schattigen Wald bis **Ramsberg.** Der Ort kann wieder mit einem großen Seezentrum aufwarten, ähnlich ausgestattet wie die anderen, nur vieles ein bisschen größer. Nicht zu groß ist der nette Biergarten **Fürst Carl Seebräu** ⑭, mit kleiner Speisekarte und eigenem Bier aus der Schlossbrauerei Ellingen. Eine große Terrasse am noch größeren Sandstrand hat das **Strandcafé am Brombachsee** ⑮. Die riesige Marina bietet nicht nur Platz für Sportboote, sondern auch für das **Floating Village** ⑯ mit seinen modernen schwimmenden Ferienhäusern.

Danach führt der Weg wieder in einen Wald, wo sich das ausgedehnte Naturschutzgebiet Grafenmühle rechts des Wegs zum Seeufer hin erstreckt. Nach etwa 3 Kilometern Fahrt durch Natur pur erreichen wir das südliche Ende des Absperrdamms, der den Kleinen vom Großen Brombachsee trennt. Wir lassen ihn rechts liegen und folgen noch etwa 2 Kilometer dem Radweg entlang dem Ufer vorwiegend durch Wald. Schließlich stoßen wir auf eine T-Kreuzung, an der wir dem Radwegepfeil nach rechts folgen. Zwischen Campingplatz und naturbelassenem Seeufer fahren wir noch etwa 500 Meter, bis wir den **Hafen von Langlau** erreichen. Hier beenden wir unsere Rundroute und biegen vor dem Strandhotel links ab, um zum Parkplatz bzw. zum Bahnhof zurückzukehren.

Hafen von Ramsberg

Am Seeufer

Igelsbach
Igelsbach
Stockheim
Igelsbachsee
RH 13
Enderndorf am See
Ottmannsberg
WUG 18
Erlingsdorf
Birklein
Stirn
Absberg
Müßighof
Kleiner Brombachsee
Allmannsdorf
WUG 1
Großer Brombachsee
Altmühlüberleiter
WUG 20
Furthmühle
Brombachsee Hauptdamm
Mandles-mühle
Langlau
Rehen-bühl
Regelsberg
Ramsberg
Weihergraben
Veitserlbach
St 2222
Thannhausen
Pleinfeld

Alles auf einen Blick

WIE & WANN:
Geschotterte und asphaltierte Rad- und Forstwege, keine nennenswerten Steigungen. Ganzjährig gut befahrbar, am schönsten von Frühling bis Herbst, in den Sommerferien und an warmen Wochenenden sehr frequentiert.

HIN & WEG:
Auto: Parkplatz Seezentrum Langlau, Seestraße, 91738 Langlau (GPS: 49.124223, 10.861709)
ÖPNV: Bf. Langlau (RB), 1 Kilometer über Radweg zum See

ESSEN & ENTSPANNEN:
Restaurant Seeklause ❻ Seespitz 3, 91720 Absberg, Tel. (0 91 75) 9 07 32 26
Sand & Sofa ❼ Zum Hafen 12, 91174 Enderndorf, Tel. (0 91 75) 9 08 04 08, www.sandundsofa.de
Café Restaurant Zum Hochreiter ❾ Seeweg 1, 91174 Enderndorf, Tel. (0 91 75) 97 49, www.zumhochreiter.de
Sand & Sofa ⓫ Allmannsdorf 40, 91785 Pleinfeld, Tel. (0 91 75) 9 08 04 08

Entspannung ★★★★☆
Genuss ★★★☆☆
Romantik ★★★★☆

Fürst Carl Seebräu ⓮ Anlegestelle, 91785 Pleinfeld, Tel. (0 91 44) 9 27 15 80, www.fuerst-carl.de
Strandcafé am Brombachsee ⓯ Leitenbuckstraße 12, 91785 Pleinfeld, Tel. (0 151) 22 33 44 06

ENTDECKEN & ERLEBEN:
Hafen Langlau ❶
Wakepark Brombachsee ❷ Badehalbinsel 7, 91720 Absberg, www.wakepark-brombachsee.de
Schloss Absberg ❸ **Dorfladen Absberg ❹** Hauptstraße 10, 91720 Absberg, Tel. (0 91 75) 8 09 93 56
Aussichtspunkt ❺ **Abenteuerwald Enderndorf ❽** Zum Igelsbachsee 1, 91174 Enderndorf, Tel. (0 91 75) 90 72 57, enderndorf.abenteuer-wald.com **Seezentrum Altmannsdorf ❿**
Infozentrum Mandlesmühle ⓬ Mandlesmühle 1, 91785 Pleinfeld, Tel. (09 81) 9 50 36 34
Badestrand Pleinfeld ⓭ **Floating Village ⓰** Am Segelhafen, 91785 Pleinfeld, Tel. (0 89) 51 11 02 01, www.eco-lodges.de

Brauereigarten Schneider
in Essing
40 Kilometer
135 Höhenmeter
5 Stunden
Rundtour

Wir beginnen unsere Tagestour mit einer Schiffsfahrt durch den Donaudurchbruch zum Kloster Weltenburg, die landschaftlich schöner und dramatischer kaum sein könnte. Die **Schiffsanlegestelle** befindet sich auf Höhe der Kelheimer Altstadt am nördlichen Donauufer, an dem auch reichlich Parkplätze zur Verfügung stehen. Den aktuellen Fahrplan entnehmen wir der Internetseite www.schifffahrt-kelheim.de, über die wir auch online Tickets kaufen können. Bei sehr niedrigem Wasserstand in einem trockenen Sommer oder bei Hochwasser können die Schiffe nicht fahren. Dann müssen wir über den Donauradweg nach Weltenburg fahren. Der verläuft von Kelheim über die Donaubrücke und über einen Bergrücken südlich der

Wasserwege

Vom Donaudurchbruch zur Altmühl

Donau, wobei 130 Meter Höhenunterschied zu überwinden sind.

Wir gehen mit unseren Rädern an Bord und sehen zu, dass wir am oberen Deck vorne einen Sitzplatz finden. Vor uns sehen wir die **Befreiungshalle** (1) auf dem Michelsberg, wo schon die Kelten eine Festung hatten. König Ludwig I. ließ den klassizistischen Bau 1863 als Gedenkstätte der Napoleonischen Befreiungskriege errichten.

Endlich legt das Schiff ab, und wir fahren langsam gegen die Strömung, wobei wir rechts die leicht erhöhte ehemalige **Franziskanerkirche** vorbeigleiten sehen. In der spätgotischen Klosterkirche ist heute ein Orgelmuseum untergebracht. Das Schiff fährt weiter

Befreiungshalle über der Donau

Klösterl

durch das enger werdende Donautal, an dessen Berghängen weiße Felsen aus dem dichten Wald ragen. Am rechten Ufer direkt am Fuß eines steilen Berghangs schaut das **Klösterl** ❷ hinter Bäumen heraus, eine Einsiedelei mit einer 1603 erbauten Höhlenkirche und einem urigen Biergarten.

Über Lautsprecher erfahren wir Interessantes über die **Weltenburger Enge,** die Felsen, die senkrecht aus dem Wasser aufragen, und was es mit Napoleons Koffer auf sich hat, den man glaubt, erkennen zu können. Schließlich windet sich das Schiff mit der Donau durch die engste Stelle zwischen der Stillen und der Langen Wand, und das **Kloster Weltenburg** ❸ rückt ins Blickfeld. Kurz vor dem Kloster legen wir an und gehen von Bord.

Das im Mittelalter gegründete Kloster Weltenburg ist heute noch Benediktinerabtei. Seit 1050 wird hier in der **ältesten Klosterbrauerei der Welt** Bier gebraut, was man sich bei einer einstündigen Führung genauer anschauen kann. Trinken kann man es im großen Biergarten der **Klosterschenke.** Gegenüber liegt die **Klosterkirche,** die zu den wichtigsten barocken Sakralbauten Europas zählt. Sie wurde von den Brüdern Asam geschaffen und steht Besuchern offen. Einmalig ist der ovale Innenraum mit dem von unsichtbaren Fenstern indirekt beleuchteten Kuppelgemälde. Betritt man an einem sonnigen Vormittag die Kirche, erstrahlt der Hochaltar mit der Reiterstatue des Heiligen Georg von hinten vom Sonnenlicht beleuchtet wie eine gekonnte moderne Illumination.

Wir folgen weiter dem Donau-Radweg zwischen steilen Felswänden und dem Flussufer, wo die berühmte **Seilfähre Stausacker** (4) anlegt, bereit, Fahrgäste und sogar Autos mit der Kraft der Strömung und der Ruderkraft des Fährmanns über den Fluss zu bringen. Wir verlassen die asphaltierte Straße an der ersten Möglichkeit nach rechts bei einem Parkplatz und folgen dem Radwegweiser Richtung **Bad Gögging.** Der Weg führt anfänglich am Ufer entlang und mündet dann an einer T-Kreuzung auf eine schmale Straße, der wir nach rechts folgen. Wir durchqueren **Staubing,** indem wir dem grünen Radwegepfeil folgen.

*Der **Donaudurchbruch** in Weltenburg ist geologisch gesehen keiner, da er schon bestand, als die Donau noch durch das untere Altmühltal floss. Hier fließt sie erst seit 80.000 Jahren. 2020 wurde er als Nationales Naturmonument ausgewiesen.*

Für die Seele

Auf einer sehr erlebnisreichen Tour radeln wir entlang von Flüssen und durch Wälder zu landschaftlichen und kulturellen Superlativen.

Wir unterqueren eine Landstraße und halten uns an der nächsten Gabelung rechts. Der Weg führt nun zwischen Feldern und Wäldern stetig leicht bergauf. Schließlich tauchen wir auf einem geschotterten Forstweg in einen Wald ein. Nach der Passage durch Wald treffen wir auf eine Kreuzung, an der wir rechts weiter auf dem Donau-Radweg fahren. Endlich geht es wieder bergab, und wir sehen zahlreiche Hopfenfelder vor uns unten im Tal. Dort treffen wir auf eine Vorfahrtstraße, auf die wir

Kloster Weltenburg am Donaudurchbruch

Die Eiserne Hand

rechts abbiegen und dabei auf dem begleitenden Radweg bis **Eining** fahren.

Im Ort stoßen wir an der Kirche auf die **Abusinastraße.** Nach links kann man einen Abstecher von 400 Metern zum **Römerkastell Abusina** 5 machen. Das ehemalige Kohortenkastell ist als Freilichtmuseum jederzeit offen. Wir fahren rechts und nach 200 Metern beim Wegweiser **Donaufähre** links. Beim Fähranleger empfängt uns der Biergarten **An der Fähre Eining** 6, an dem wir auf die Abfahrt der Fähre warten, die uns zur Fortsetzung der Tour ans linke Ufer der Donau bringen soll. Es handelt sich dabei ebenfalls um eine Strömungsfähre wie die in Stausacker.

Wir verlassen die kleine Fähre und radeln nach **Hienheim,** dessen Kirchturm hinter einem Hochwasserschutzdeich herausragt. Im Ort ignorieren wir an einer Gabelung den Radwegepfeil, der uns links bergauf schicken will, und fahren stattdessen geradeaus weiter auf die **Pfarrkirche St. Georg** 7 zu. Sie hat eine schöne Ausstattung im Stil des Barocks mit einigen Renaissanceelementen. Wir fahren weiter direkt vorbei an der Kirche bis zur nächsten T-Kreuzung, über die wir nach links gleich die vorfahrtberechtigte **Kelheimer Straße** erreichen. Hier biegen wir rechts ab und fahren auf der Straße mit mäßigem Verkehr gut 1 Ki-

!

Verkehrt die Donaufähre in Eining nicht (Fährzeiten Frühling – Herbst, 11:00 – 20:30 Uhr, täglich außer Montag), fahren wir auf dem Donau-Radweg bis zur nächsten Brücke bei Neustadt an der Donau und von dort auf der Landstraße über Irnsing nach Hienheim, ein Umweg von 12 Kilometern.

lometer bis zur **Eisernen Hand** ⑧, die an einem weißen Marterl mit einer Figur des heiligen Georg befestigt ist. Die Eiserne Hand diente früher oft als Wegweiser, aber auch als Warnung, wie hier vermutet, dass Holzdieben die Hand abgeschlagen würde.

Nach 800 Metern führt bei einem Parkplatz am Straßenrand ein Weg nach links über die Felder, der uns zu einem modernen Nachbau eines römisches **Limeswachturms** ⑨ bringt. Er ist immer geöffnet und erlaubt uns einen Ausblick auf ehemalig römisches Territorium. Wie fahren weiter auf dem Feldweg entlang des alten Limes, bis er nach rechts abknickt und wir bald auf einen asphaltierten Weg stoßen. Auf den biegen wir links ab tauchen bald ein in den **Hienheimer Forst.** Im Wald erreichen wir nach etwa 3 Kilometern eine Kreuzung, an der wir auf einen weiteren asphaltierten Weg stoßen. Hier biegen wir rechts ab und fahren entlang einer Schneise, die 2017 für eine Erdgasfernleitung geschlagen wurde. An einer Kreuzung geht der asphaltierte Weg in einen geschotterten über.

Bald verlässt der Weg den Verlauf der Schneise und führt nach rechts hinunter in das **Galgental.** An einer Gabelung folgen wir dem Radwegepfeil nach links und fahren durch das Tal weiter bergab, bis wir das **Altmühltal** erreichen. Wer mag, kann hier nach links einen Abstecher zur **Kastlhänghöhle** ⑩ machen, einer etwa 400 Quadratmeter großen Karsthöhle mit zwei Eingängen am bewaldeten Berghang, die schon in der Steinzeit von Jägern genutzt wurde. Sie ist stets zugäng-

Moderner Nachbau Limesturm

lich, und man sollte eine Taschenlampe dabei haben. Wir biegen rechts ab und fahren am Waldrand entlang zum **Tatzlwurm,** einer der längsten Holzbrücken Europas, über die wir den Main-Donau-Kanal überqueren. Von der Brücke aus haben wir einen schönen Blick über das Altmühltal mit seinen Felswänden auf der Nordseite, über denen die prächtige **Burgruine Randeck** (11) thront.

Am Ende des Tatzlwurms fahren wir rechts und gleich an der nächsten Abzweigung schräg rechts auf einen geschotterten Weg, der hier beginnt und parallel zur St 2230 weiterführt. Links von uns liegt ein durch den Kanalbau abgeschnittenes Stück der Altmühl. Gleichzeitig befinden wir uns hier auf dem **Kunstweg an Fels und Fluss,** einem Skulpturenweg des Markts Essing.

Holzbrücke Tatzlwurm

Wir erreichen die malerische **Alte Holzbrücke,** die in den ebenso malerischen Ort **Essing** führt. Hinter dem **Brückenturm** biegen wir rechts ab (Vorsicht, querender Verkehr!) in die **Altmühlgasse,** wo wir gleich auf den **Brauereigasthof Schneider** (12) treffen. Der schenkt auf der Terrasse direkt über der Altmühl sein frischgebrautes Bier aus, was wir uns nicht entgehen lassen sollten. Wir fahren weiter durch die Altmühlgasse bis zur **Pfarrkirche Heilig Geist,** einer schönen Barockkirche vom Anfang des 18. Jahrhunderts, in die wir einen Blick werfen sollten.

Wir fahren weiter Richtung **Altessing** und hinter einer Betonbrücke, auf der uns die **St 2230** überquert, scharf rechts Richtung **Schiffsanlegestelle.** An der nächsten Möglichkeit biegen wir wieder links ab auf einen

Essing

Radweg am Ludwig-Donau-Main-Kanal

geschotterten Weg, über den wir an das Ufer des Main-Donau-Kanals gelangen und entlang des Wassers weiterfahren, bis wir auf eine geteerte Querstraße stoßen. Hier können wir nach links einen 1 Kilometer langen Abstecher zum **Schulerloch** ⑬ machen, einer sehenswerten Tropfsteinhöhle, die wie alle nur mit einer Führung zu besichtigen ist. Wir fahren rechts Richtung Kelheim und überqueren auf einer Holzbrücke ein Stück historischen **Ludwig-Donau-Main-Kanal.** Gleich rechts befindet sich Station 5 des **Archäologieparks Altmühltal** mit einer **keltischen Schmiede.**

650 Meter weiter endet der alte Kanal an einer ehemaligen **Schleuse,** hinter der sich eines der für den Kanal typischen Schleusenwärterhäuschen befindet. Wir fahren weiter auf dem Radweg, der nun wieder am neuen Kanal entlangführt, bis zur **Schleuse Kelheim,** wo wir den Wasserweg überqueren. Am anderen Ufer sehen wir ein **keltisches Stadttor,** Station 3 des Archäologieparks Altmühltal. Hier biegen wir links ab auf einen asphaltierten Weg nach **Kelheim.**

In Kelheim erreichen wir eine Brücke über den alten Kanal, der rechts von uns im **Alten Hafen** ⑭ endet. Hinter dem Hafen führt der Kanal noch ein Stückchen weiter und mündet hinter der letzten Schleuse in die Donau. Wir fahren aber geradeaus weiter und erreichen über das gelbe **Mitteltor** die Altstadt. Direkt hinter dem Stadttor befindet sich der historische **Gasthof Wei-**

*Der **Ludwig-Donau-Main-Kanal** war mit 172 km Länge und 100 Schleusen der Vorläufer des heutigen Main-Donau-Kanals, der die Europäische Hauptwasserscheide überwand, um die Nordsee mit dem Schwarzen Meer zu verbinden. Bauzeit war 1836 bis 1846.*

ßes Lamm 15 mit einem kleinen Biergarten im Hof. Nach rechts über die Ledergasse erreicht man das Archäologische Museum 16 und geradeaus die Hauptkreuzung, von der aus man alle drei Stadttore sieht. Am anschließenden Ludwigsplatz liegen an der goldenen Mariensäule mehrere Lokale mit Außenbewirtschaftung. Am Ende des Platzes rechts findet man das historische Weisse Bräuhaus Kelheim 17 mit perfektem Biergarten, das zur bekannten Weißbierbrauerei Schneider gehört.

Wir verlassen die Altstadt über das südliche Stadttor, überqueren die Bahnhofstraße und erreichen über den gegenüberliegenden Parkplatz schließlich das Donauufer bei der Schiffsanlegestelle, wo wir unsere Radtour begonnen haben.

Donaustraße mit Donautor in Kelheim

Alter Hafen Kelheim

Rappelshofen
Sausthal
Palmberg
St 2233
Einthal
Altmühl
St 2230
Randeck
Ihrlerstein
Essing
Altessing
Kelheim
St 2230
KEH 15
KEH 5
ca. 5 km
Hienheimer Forst
St 2233
Stausacker
Weltenburg
Donau
Staubing
KEH 21
KEH 18
Holzharlanden
Hienheim
St 2233
Arresting
Eining
Abusinastraße
KEH 7
Sandharlanden
Pullach
Irnsing
Sittling
Arnhofen
Bad Gögging
Schwaighausen
16
299
Abensberg

Alles auf einen Blick

WIE & WANN:
Fein geschotterte Radwege, kaum befahrene Straßen, asphaltierte und geschotterte Forstwege, eine Schiffs- und eine Fährverbindung, einige Steigungen. Schiffsverkehr Kelheim – Weltenburg von Frühling bis Herbst, nicht bei Hochwasser oder Niedrigwasser (www.schifffahrt-kelheim.de). Donaufähre in Eining täglich außer Montag.

HIN & WEG:
Auto: Parkplatz P 4 b, Donauvorland, 93309 Kelheim (GPS: 48.91372, 11.87427)
ÖPNV: Bf. Saal (Donau) (RB), 7 km über Fernradweg D11 nach Kelheim. Freizeitbus Linie 6010 Regensburg – Saal – Kelheim – Essing Mai bis 3. Oktober an Wochenenden (www.naturpark-altmuehltal.de/freizeitbusse, Tel. (08 21) 5 02 15 15)

ESSEN & ENTSPANNEN:
An der Fähre Eining ❻ Zur Überfuhr 15, 93333 Eining, Tel. (0 94 45) 84 43

Entspannung ★★★☆☆
Genuss ★★☆☆☆
Romantik ★★★★★

Brauereigasthof Schneider ⓬ Altmühlgasse 10, 93343 Essing, Tel. (0 94 47) 9 18 00, www.brauerei-schneider.de
Gasthof Weißes Lamm ⓯ Ludwigstraße 12, 93309 Kelheim, Tel. (0 94 41) 2 00 90, www.weisses-lamm-kelheim.de
Weisses Bräuhaus Kelheim ⓱ Emil-Ott-Straße 3, 93309 Kelheim, Tel. (0 94 41) 34 80, www.weisses-brauhaus-kelheim.de

ENTDECKEN & ERLEBEN:
Befreiungshalle ❶ **Klösterl** ❷ **Kloster Weltenburg** ❸ **Seilfähre Stausacker** ❹
Römerkastell Abusina ❺ Abusinastraße 1, 93333 Eining, www.abusina.com
Pfarrkirche St. Georg ❼ **Eiserne Hand** ❽ **Limeswachturm** ❾ **Kastlhänghöhle** ❿
Burgruine Randeck ⓫ **Schulerloch** ⓭ Am Schulerloch 1a, 93343 Essing, Tel. (0 94 41) 1 79 67 78, www.schulerloch.de **Alter Hafen** ⓮
Archäologisches Museum ⓰ Lederergasse 11, 93309 Kelheim, Tel. (0 94 41) 1 04 09, www.archaeologisches-museum-kelheim.de

Die GPS-Daten zu jeder Tour gibt es auf
www.droste-verlag.de

Konzeption/Satz: Droste Verlag, Düsseldorf
Einbandgestaltung: Britta Rungwerth, Düsseldorf, unter Verwendung von Bildern von © Fotolia.com: Andrey Kuzmin, undrey, dabost, niroworld; © lettas – stock.adobe.com
Fotos: Ernst Wrba
Karten: Thorsten David, Bochum
Druck und Bindung: LUC GmbH, Greven

MIX
Papier aus verantwortungsvollen Quellen
FSC www.fsc.org
FSC® C011279

ISBN 978-3-7700-2347-9
www.droste-verlag.de